运动解剖学

实用学习手册

YUNDONG JIEPOUXUE
SHIYONG XUEXI SHOUCE

主　编　沙川华
副主编　李　雪

四川科学技术出版社
·成都·

图书在版编目(CIP)数据

运动解剖学实用学习手册/沙川华主编. -成都:四川科学技术出版社,2011.3(2025.2 重印)

ISBN 978-7-5364-7164-1

Ⅰ.①运… Ⅱ.①沙… Ⅲ.①运动解剖-解剖学-高等学校-教学参考资料 Ⅳ.①G804.4

中国版本图书馆 CIP 数据核字(2011)第 035951 号

运动解剖学实用学习手册

主　　编　沙川华

出 品 人　程佳月
责任编辑　牛小红
封面设计　吴　强
版式设计　康永光
责任出版　欧晓春
出版发行　四川科学技术出版社
　　　　　成都市锦江区三色路 238 号 邮政编码 610023
成品尺寸　210mm×146mm
　　　　　印张 7.25　　字数 200 千
印　　刷　成都一千印务有限公司
版　　次　2011 年 3 月第 1 版
　　　　　2014 年 1 月第 2 版
印　　次　2025 年 2 月第 2 版第 11 次印刷
定　　价　28.00 元
ISBN 978-7-5364-7164-1

本手册编写人员名单

主　编　沙川华

副主编　李　雪

审　阅　袁琼嘉

编　委　付　乙　谭　进

　　　　杨澎湃　钟　琼

前　言

运动解剖学是我国高等体育院校的基础课程之一，其教学目的是培养学生以辩证唯物主义认识论的观点正确掌握正常人体的形态结构，并在此基础上研究体育运动对人体形态结构产生的影响及其发展规律，是一门重要的基础课程。

在实际教学中，由于运动解剖学教材的内容多、知识点繁杂、教辅资料匮乏，给学生带来极大的学习难度。因此，在 2011 年 3 月本书编写组按照《运动解剖学》教学大纲的规定和要求，第一次正式出版了《运动解剖学实用学习手册》。随着第五版《运动解剖学》的使用，本书编写组又根据新版教材对该手册进行了修改与完善，以便更好地与教材配套使用。

本手册主要特点在于与全国体育院校通用教材——《运动解剖学》各章节同步，对教材内容进行了全面系统的整理、归纳、提炼和概括，使学习内容简明扼要，重点、难点突出。手册中提出了一些行之有效的学习思路与方法，归纳了一些日常生活与运动中常见的疾病与常识，并选编了一些有助于学生复习及思考的练习题。在主要章节中包括【学习要求】【学习内容】【学习方法】【应用知识】和【练习与思考】及【参考答案】六个部分。

本手册可供高等体育院校体育类各专业本科生、研究生和进修生在学习运动解剖学的过程中理清思路，使学生能够有目的、有计划地进行课前预习、课后复习，提高其对知识理解的深度和广度，增强其分析问题和运用知识的能力，提高学生的学习成绩。该手册也可作为教师教学参考用书。

本手册集成都体育学院运动解剖学教研室全体教师多年的教学与实践经验编写完成，研究生张涛、刘小春和王富鸿也参与了资料收集、书稿校对等工作。由于水平有限，不足之处在所难免，希望各位同行和广大读者不吝指正，提出宝贵意见，以促使本手册日臻完善。

《运动解剖学实用学习手册》编写组

2014 年 1 月

目　录

绪　论

运动系统

内　　脏

脉　　管

感觉器官

神经系统

内分泌系统

绪 论

【学习要求】

1. 熟悉运动解剖学的定义。
2. 掌握人体的基本切面和基本轴的定义。
3. 熟悉人体标准解剖学姿势。
4. 熟悉常用的解剖学方位术语。

【学习内容】

一、运动解剖学定义

运动解剖学是人体解剖学的一个分支,它是在正常人体解剖学基础上研究体育运动对人体形态结构产生的影响和发展规律,探索人体机械运动与体育动作的关系,属于运动人体科学范畴的一门基础学科。

二、人体基本构成简介

(一)细 胞

细胞是由膜包裹着的、中间有核的原生质团块(成熟的红细胞除外),是人体结构和功能的基本单位。细胞具有新陈代谢、生长、发育、繁殖、分化、衰老和死亡等生命机能特征。

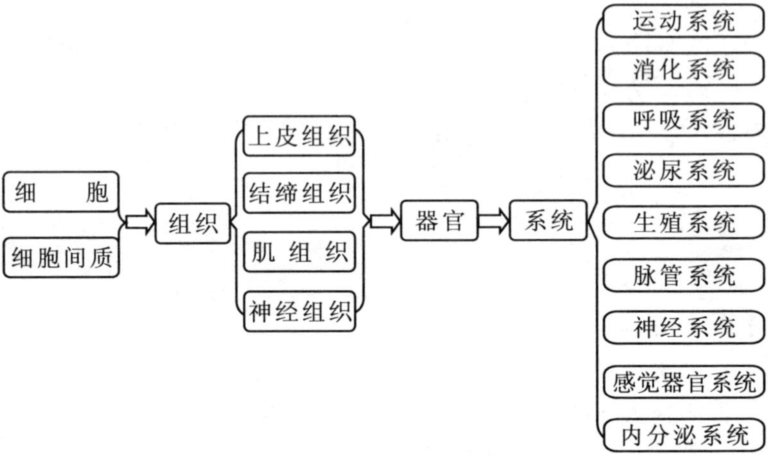

（二）细胞间质

细胞间质是存在于细胞与细胞之间的物质，为细胞分化过程中的产物。细胞间质可分为无定形的基质和纤维两类形态物质。细胞间质是细胞生命活动的外部环境，具有支持、联络、保护和营养等功能。

（三）组　织

组织是由许多结构和功能相同的细胞与细胞间质按一定的方式结合在一起所形成的细胞群体，是构成人体各种器官的基本成分，包括上皮组织、结缔组织、肌组织、神经组织四大基本组织。

（四）器　官

器官是由几种不同的组织结合在一起，成为具有一定形态和功能的结构。如心、肝、脾、肺、肾等。

（五）系　统

在结构和功能上密切相关的许多器官互相结合起来，共同执行特定的功能，称为系统。人体包括九大系统，即运动系统、消化系统、呼吸系统、泌尿系统、生殖系统、循环系统、神经系统、感觉系统、内分泌系统。

三、运动解剖学的基本术语

通过学习运动解剖学的基本术语,帮助确定器官的位置、描述关节的运动。

(一)人体标准解剖学姿势

身体直立,双眼平视前方,手臂下垂,掌心向前,两足并拢,脚尖向前。在描述人体某结构的位置、运动时,无论人体处于直立位、俯卧位、侧卧位,还是倒立位,均应回到人体标准解剖学姿势描述方位。

(二)常用方位术语

上与下:靠近头部为上,靠近足部为下。

前与后:靠近腹部为前,靠近背部为后。

内侧与外侧:靠近身体正中面为内侧,远离身体正中面为外侧。

浅与深:靠近体表或器官内表面为浅,远离体表或器官内表面为深。

近端与远端:四肢近躯干端为近端,四肢远躯干端为远端。

尺侧与桡侧:前臂内侧为尺侧,前臂外侧为桡侧。

胫侧与腓侧:小腿内侧为胫侧,小腿外侧为腓侧。

(三)人体基本面

为了满足描述器官的位置、关节的运动等需要,通过人体重心设定三个基本面与基本轴。

1. 矢状面

矢状面指沿着身体前后径所做的切面。该切面将人体分为左右两部分,并与水平面及冠状面垂直,其中经过人体正中线的切面称为正中矢状面。

2. 冠状面

冠状面也称为额状面，指沿着身体左右径所做的切面。该切面将人体分为前后两部分，并与水平面及矢状面垂直。

3. 水平面

水平面也称为横切面，指横切人体，与地面平行的切面。该切面将人体分为上下两部分，与矢状面及冠状面垂直。

(四)人体基本轴

1. 矢状轴

矢状轴为前后方向并与水平面平行的轴。

2. 冠状轴

冠状轴也称为额状轴，为左右方向并与水平面平行的轴。

3. 垂直轴

垂直轴为上下方向并垂直于水平面的轴。

【学习方法】

1. 运动解剖学定义

学习运动解剖学定义时，应注意把握与人体解剖学的联系和区别；注意与体育运动结合。

2. 基本面与基本轴的定义

三种基本面相互垂直，三种基本轴位于基本面内，也是呈现相互垂直的特点。若将人体基本轴运用在关节处，称为关节运动轴，也可以简称为关节轴或运动轴。学习时应注意基本面与基本轴的假设性与任意性，即基本面与基本轴均是为了描述人体器官结构、运动等设定存在，并可以在身体任何部位表示出来。

【练习与思考】

(一)名词解释

1. 人体的标准解剖学姿势　　　　2. 矢状面

3. 冠状面　　5. 矢状轴　　7. 垂直轴
4. 水平面　　6. 冠状轴

（二）思考题

1. 谈谈运动解剖学与人体解剖学的联系与区别，并归纳其在体育运动中的运用。

2. 简述人体的基本面与基本轴之间的关系，并举例说明运用范围。

【参考答案】（略）

运动系统

运动系统占成人体重约60%，由骨、骨连结和骨骼肌三部分组成。若将运动系统与杠杆系统进行对比，其构成与功能上有很多相似之处，其中骨为杠杆、骨连结为枢纽，肌肉收缩为动力。骨与骨连结构成关节，关节是骨产生运动的部位，骨骼肌跨过关节，附着于骨上，收缩产生动力牵引骨在关节处运动。

第一章　骨与骨连结

第一节　骨与骨连结概述

【学习要求】

1. 掌握骨的构造。
2. 掌握骨的化学成分、物理特性及年龄特征。
3. 掌握骨龄的概念。
4. 熟悉关节的构造。
5. 掌握关节运动幅度概念。

【学习内容】

一、骨概述

（一）骨的数目与分类

成人骨有206块，主要按下列两种方法分类。

1. 按部位分类

- 骨
  - 中轴骨
    - 颅　骨　29块
    - 躯干骨　51块
  - 四肢骨
    - 上肢骨　64块
    - 下肢骨　62块

2. 按形状分类

根据骨的形状分为长骨、短骨、扁骨和不规则骨。不同形状的骨除了作为骨骼肌的附着部位外，在人体中起的作用也有一定差异，见表1－1。

表1－1　不同形状骨的特征

分类	形态特点	主要分布	主要作用	举例
长骨	长管状，一体两端，多数有骨髓腔	四肢	杠杆、传递力	肱骨、股骨
短骨	形状多样，短小	手、足	承重	腕骨、跗骨
扁骨	板状、条状	头、胸	保护	肋骨、颅骨
不规则骨	形状不规则	颅、脊柱	保护	椎骨、髋骨

（1）骨骺　长骨的两端膨大称为骨骺。

（2）含气骨　有些不规则骨内有含气的腔，称为含气骨。如上颌骨、筛骨。

（3）籽骨　在某些肌腱或韧带内有形如结节状小骨块，称为籽骨。如髌骨。

(4)骺软骨　幼儿的长骨干与骨骺之间有软骨层，称骺软骨。

(二)骨的构造

从器官角度看，新鲜骨主要分为骨膜、骨质、骨髓三部分，它们虽然主要属于结缔组织，但是在结构、功能等方面差异很大。

1. 骨膜

骨膜内富含血管、神经，对骨的营养和再生具有重要意义。覆盖于除关节面以外的骨表面的结缔组织膜称骨外膜，分布于骨髓腔内表面或骨松质表面的结缔组织膜称骨内膜。

2. 骨质

骨质由骨组织构成，是骨的主要部分。

(1)骨密质　厚而致密，坚硬，抗压、抗扭曲能力强，分布于长骨干、其他类型骨和长骨骺端的外层。

(2)骨松质　分布于长骨骺端、短骨、扁骨与不规则骨的内部，主要由骨小梁构成。因骨小梁的粗细差异、排列方向、致密程度等与所承受的力量有关，故其结构与排列方向等可以改变。

3. 骨髓

骨髓位于长骨骨髓腔和骨松质间隙内，根据构造分为红骨髓与黄骨髓，前者分布于骨松质间隙内，具有造血功能；后者主要存在于骨髓腔内，含有大量脂肪组织，虽无造血功能，但在人体大量失血状态下，能够恢复造血功能。

(三)骨的化学成分、物理特性及年龄特征

1. 骨的化学成分

骨的有机物主要为骨胶原，无机物主要为水与钙盐。

2. 骨的物理特性

骨的物理特性主要表现为硬度、弹性、脆性和可塑性。

3. 骨的化学成分与物理特性的关系

有机物决定骨具有弹性和可塑性，无机物决定骨具有硬度和

脆性。

4. 年龄特征

人体骨在少儿期、成年期、老年期的化学成分与物理特性呈现一定差异,见表1－2。

表1－2　不同年龄段骨的化学成分、物理特性及年龄特征

不同时期	有机物∶无机物	年龄特征
少儿期	1∶1	弹性大、硬度小、易变形
成年期	1∶2	有弹性、坚硬
老年期	1∶4	弹性小、脆性大、易骨折

(四)骨的发生与生长

1. 骨的发生

骨的发生由原始组织分化形成结缔组织,然后再经过骨化形成骨的过程为骨的发生。骨的发生分为膜内成骨与软骨内成骨两种方式。

2. 骨的生长

骨由细、短、小生长为粗、长、大的过程为骨的生长,是骨破坏与建造两个过程对立统一的结果。

以长骨为例,骨的生长主要包括两个过程。

(1)增粗　骨外膜不断形成骨质,骨内膜不断破坏与吸收骨质,骨髓腔扩大的过程。

(2)加长　长骨的骺软骨不断生长、骨化,骨干与骨髓腔延长的过程。

3. 骨龄

骨骺与小骨骨化中心出现的年龄及骨干与骨骺愈合的年龄,常用来确定人的生物年龄。在体育运动中,可以按照运动员骨龄大小进行比赛的分组,也可以将运动员骨龄大小作为选材的一项参考指标。

小骨:特指手部的八块腕骨。少年儿童时期,可以通过观察小骨骨化中心出现的时间、数量来判断骨龄大小。

二、骨连结总论

(一)骨连结定义

人体的骨与骨借韧带、结缔组织膜、软骨、骨等结构相连,称为骨连结。

(二)骨连结分类

根据骨间连结的组织成分、连结方式、活动情况等方面的不同,骨连结可以分为直接连结和间接连结又称关节,见表1-3。

表1-3 骨连结分类

类型	连结结构	腔隙	活动状况	举例
直接连结	纤维结缔组织 软骨 骨	无	不活动	儿童髋骨 成人髋骨
间接连结	关节囊	有	活动	肩(髋)关节

(三)关节概述

1. 关节的定义

骨与骨借复杂的结构相连,骨间出现腔隙,并失去连续性,包括关节面、关节囊、关节腔三要素。

2. 关节的构造

人体在运动中对各关节稳定性、灵活性要求不同,关节的主要结构满足关节的基本需要,是每个关节必须具备的结构。关节的辅助结构是人类长期进化过程中为适应某些功能衍生出来的结构。

（1）主要结构

①关节面：骨与骨的接触面，凹陷的为关节窝，凸起的为关节头，表面被覆一层关节面软骨。关节头形状多样，主要有球形、椭圆球形、滑轮形、平面形、圆柱形、马鞍形等，关节窝与之相适应。关节面的形状与关节的运动方向、运动形式及运动幅度有关。

②关节囊：附着在关节面周缘骨面的双层结缔组织囊，密闭关节腔。关节囊内层为滑膜层，分泌滑液，润滑与营养关节。关节囊紧厚的关节活动幅度较小，反之活动幅度较大。在某些关节内滑膜层折叠形成皱襞，填充关节腔，具有稳定关节的作用。关节囊外层为纤维层，不同的关节、同一关节的不同部位纤维层厚薄、松紧程度有一定差异。在关节的某些部位，关节囊纤维层增厚形成韧带，在某些关节，关节囊纤维层薄弱，滑膜层形成的滑液囊能够突出至肌腱深面，起到减少肌腱与骨面摩擦的作用。

③关节腔：关节囊与关节面之间的密闭腔隙，有少量滑液，呈负压状态，该状态有利于增加关节的稳定性。

（2）辅助结构　人体各关节的辅助结构差异较大，归纳起来主要有下列五种，见表1－4。

表1－4　关节辅助结构

名称	组织结构	位置	功能
韧带	致密结缔组织	关节周围	加固关节
滑膜囊	关节囊滑膜层	肌腱与骨之间	减少肌腱与骨面摩擦
滑膜襞	关节囊滑膜层	关节腔内	填充关节腔隙
关节唇	纤维软骨	关节窝周缘	加大、加深关节窝
关节内软骨	纤维软骨	关节腔内	缓冲震荡

3. 关节的运动

关节运动是指运动环节绕关节运动轴转动，主要包括运动形式与运动幅度。

（1）关节运动形式　指关节进行屈、伸；水平屈、水平伸；外展、内收;回旋;内旋、外旋;环转等运动。

(2)关节运动幅度　指关节活动范围大小。关节面形状,尤其是关节头的形状,对关节的运动形式、运动幅度影响较大。

①球窝状与平面状关节面:能够完成屈与伸、内收与外展、旋内与旋外、水平屈与水平伸、绕环等多种形式的运动。

②椭圆状与鞍状关节面:能够完成屈与伸、内收与外展等形式的运动。

③滑车关节面:仅能完成屈与伸形式的运动。

④圆柱状关节面:仅能够完成内旋、外旋,或回旋形式的运动。

除平面关节活动幅度极其微小外(又称微动关节),所有关节的运动幅度大小,与关节头、关节窝之间面积大小差别、关节辅助结构多少、强弱等因素有密切关系,见表1－5。

表1－5　关节运动一览表

运动形式	关节轴	所在平面	运动方向
屈、伸	额状轴	矢状面	向前为屈,向后为伸(膝关节以下关节相反)
水平屈、伸	垂直轴	水平面	上臂或大腿外展90°,向前为水平屈,向后为水平伸
内收、外展	矢状轴	额状面	远离正中面为外展,靠近正中面为内收
旋内、旋外	垂直轴	水平面	由前向内为旋内,由前向外为旋外
回旋	垂直轴	水平面	绕人体中轴,左右转动
环转	多轴移行	多平面	环节近端原位活动,环节远端圆周运动

4. 关节的分类

人体关节数量较多,可以按照下面三种方法进行分类。

(1)按运动轴数目、关节面形状分类　这是一种将关节运动轴数量与关节面形状结合进行分类的方法,见表1－6。

表 1－6　按运动轴数目、关节面形状分类

分类		关节头	关节窝	举例
单轴	滑车关节	滑轮状	缺口状	肱尺关节
	圆柱关节	圆柱状	缺口状	桡尺关节
双轴	鞍状关节	鞍状	鞍状	第 1 腕掌关节
	椭圆关节	椭圆状	浅窝	桡腕关节
三轴	球窝关节	球状	浅窝	肩关节
	杵臼关节	球状	深窝	髋关节
	平面关节	平面状	平面状	椎间关节

(2)按构成关节的骨数分类　在一个关节囊内,由两块骨组成的为简单关节,由两块以上的骨组成的为复关节(骨间形成两组或两组以上关节面),其中每块骨都能独立活动,前者如肩关节,后者如肘关节。

(3)按关节的运动方式分类　由某个独立的关节完成动作,该关节为单动关节。如右侧高抬腿动作由右侧髋关节屈来完成。由两个或两个以上结构独立,但需绕共同轴进行活动才能完成某个动作,这种关节称为联合关节。如前臂旋前动作,需由桡尺近侧关节与桡尺远侧关节绕共同的垂直轴运动才能完成。

5. 关节运动幅度及其影响因素

(1)关节运动幅度的定义　关节运动幅度是指一个动作从开始到结束,该关节处相邻的两个运动环节之间运动范围的极限角度。

(2)影响关节运动幅度的因素

①关节面差大小:即关节头与关节窝之间面积大小的差别。面积差大的关节,关节窝对关节头的限制作用较小,故运动幅度大;面积差小的关节,关节窝对关节头的限制作用较大,故运动幅度小。

②关节囊厚薄及松紧度:关节囊为致密结缔组织,伸展性较

差，故关节囊厚而紧张的关节运动幅度小，关节囊薄而松的关节运动幅度大。

③关节韧带多少与强弱：韧带也为致密结缔组织，故韧带多而强大的关节运动幅度小，韧带少而薄弱的关节运动幅度大。

④关节周围的肌肉状况：肌肉均跨过关节，在关节运动时被拉长，如其伸展性好，关节的运动幅度大，伸展性差，关节运动幅度小。若肌肉十分发达，导致肌肉体积增加，在关节运动时，也会在一定程度上限制关节产生较大的运动幅度。此外，肌肉黏滞性较大时关节的运动幅度也会有所减小。

⑤关节周围骨的突起：关节在运动时，若关节周围骨的突起较大，会限制其运动幅度。

【学习方法】

1. 骨构造

从器官角度分析，活体骨（即新鲜骨）由骨膜、骨质、骨髓三部分构成，注意不同部分的位置、结构和功能等方面的差异。

2. 骨的化学成分、物理特性及年龄特征

由于人在不同年龄段新陈代谢水平的差异，骨的化学成分在比例、成分等方面会有所改变，必然导致骨的物理特性出现变化，故不同年龄段骨承受负荷的能力、硬度、可塑性、脆性等均有明显差异。注意表1－2中的对比，在理解基础上记忆不同年龄段骨特征。

3. 骨龄概念

骨龄是确定骨发育状况的指标。骨骺、小骨（腕骨）、干骺结合部均是观察骨龄的部位。通过观察骨骺与小骨化中心出现的时间或干骺间愈合的时间来判断骨龄。

4. 关节的定义

把握构成关节有关节面、关节囊、关节腔三要素。学习中应注意环节与关节既有联系，又有区别，关节是环节的连结部位，环节在关节处绕关节运动轴转动。

5. 关节的构造

关节的构造包括主要结构与辅助结构，前者是每个关节必须具备的结构，后者的数量多少、复杂程度与该关节功能有关。学习中应注意关节面形状对关节的运动形式、运动方向、运动范围大小的影响。

6. 关节运动幅度的定义

关节运动幅度可以反映关节运动的灵活性与稳定性，幅度大，则灵活性大、稳定性小。学习时把握三层含义，即从动作开始到结束；某关节处的两个运动环节；运动的极限角度。

【应用知识】

1. 骨折及其愈合

一般由于外伤所致的骨断裂称为骨折，有闭合性与开放性之分。骨折后可在局部及全身引起一系列反应，直至骨组织恢复原有的结构与生物力学性能，这种反应即骨愈合。骨折的愈合过程分为三期，即血肿机化演进期，原始骨痂形成期及骨痂改造塑性期。临床上骨折愈合标准主要是局部无压痛及纵向叩击痛、局部无异常活动、X 线片显示骨折线模糊，并有连续性骨痂通过骨折线。

2. 骨髓移植

抽取正常人的骨髓，经处理后由静脉或骨髓输入患者体内的一种治疗方法叫骨髓移植。用于治疗急性放射性病和其他原因所致的骨髓造血功能衰竭。骨髓的成骨特性也使得骨髓移植成为促进骨折愈合的重要手段。

3. 骨龄的应用

骨龄主要应用于评价青少年生长发育、辅助疾病的诊断、运动员选材与训练，此外，也应用于法医鉴定。

4. 骨膜炎

骨膜炎是骨的被膜发炎，通常为骨的继发病变，有时由骨附近软组织炎症或局部外伤引起。急性期出现高热和剧痛，在慢性期局部出现肿胀和酸痛。表现为骨膜血管扩张、充血、水肿或骨膜下出血，血肿机化等。

5. 再生障碍性贫血

由于骨髓造血功能低下或衰竭所引起的一种贫血，红骨髓总容量减少，代以脂肪髓，造血衰竭，以全血细胞减少为主要表现的一组综合征。主要与骨髓造血功能受到某些化学品、药物、放射能等的抑制有关，也可因人体对药物或化学品过敏所引起。青壮年多见，男性发病率略高于女性。一般表现为贫血、出血、感染、发热，并伴有走路乏力、头晕等症状。

6. 白血病

白血病是一种造血系统肿瘤样病变。特点为白细胞异常增生并浸润全身各组织，血液中有幼稚白细胞出现。症状主要有贫血、出血、发热、肝脾与淋巴结肿大。

7. 体育锻炼对骨的影响

体育锻炼可促进骨的新陈代谢，使成骨细胞、破骨细胞更加活跃，生成与改建骨质的能力增强，骨径变粗，骨表面突起更加明显，骨密质增厚，骨小梁的排列按照所承受的张力、压力出现更清晰而有规律的变化。骨性能改善，抗折、抗压缩和抗扭转等能力均有提高。体育锻炼对骨的影响有一定的项目特征，且也与年龄有关。

8. 关节炎

关节炎指由炎症、感染、创伤或其他因素引起的关节炎性病变，属风湿学科疾病。它的主要特征是关节红肿、热、痛和功能障碍。

9. 脱臼

脱臼又叫关节脱位，是指组成关节的骨端正常连结受到损害而离开其原有解剖学位置。按原因脱位可分为先天性脱位、外伤性脱位、病理性脱位和麻痹性脱位四种；按脱位程度可分为半脱位和全脱位；按脱位时间和发生次数可分为急性脱位、陈旧性脱位和习惯性脱位；按脱位是否有伤口与外界相通可分为闭合性脱位与开放性脱位；按远侧骨端的移位方向，可分为前脱位、后脱位、侧方脱位和中央脱位等。

10. 韧带拉伤

韧带为体内白色带状的结缔组织，质坚韧，有弹性，能把骨骼连结在一起，并能固定某些脏器，如肝、脾、肾等的位置。韧带拉伤是韧带在超出承受弹性范围内的暴力强力牵拉，而导致构成韧带的弹力纤维和胶原纤维损伤，严重的甚至断裂。轻度损伤的症状主要是局部疼痛、轻微肿胀，严重拉伤局部疼痛、肿胀均十分明显。

11. 关节置换术

关节置换术是用人工生物材料替代与重建病损的关节，以缓解症状、消除病痛，恢复与改善关节功能，提高生活质量。关节置换最多、效果最好的为髋关节。人工关节功能恢复除了手术的自身效果外，它还取决于术后功能恢复训练以及正确合理地使用人工关节。

12. 体育锻炼对关节的影响

体育锻炼对关节的影响主要表现在结构与运动两个方面。关节面软骨增厚，软骨获得养分的能力增强。肌腱、韧带增粗，在骨的附着处直径增大，胶原含量增加，单位体积内细胞数量增加。关节周围肌肉力量增强，也增加了关节的稳定性，加强了对关节的保护作用。肌腱、韧带、关节囊、肌肉的柔韧性提高，有助于提高动作协调性，提高运动成绩，减少损伤的发生。

第二节　中轴骨及其连结

【学习要求】

1. 掌握颈椎、胸椎、腰椎的主要区别。
2. 掌握脊柱的构成、生理弯曲与运动。
3. 熟悉躯干各骨的名称、位置、形状和数量。
4. 熟悉胸廓的组成和主要功能。

【学习内容】

一、躯干骨及其连结

（一）躯干骨概况

躯干骨包括椎骨、肋骨、胸骨，其概况见表1－7。

表1－7　躯干骨概况

分类	名称	位置	形态	数量
椎骨	颈椎	脊柱颈段	不规则骨	7
	胸椎	脊柱胸段	不规则骨	12
	腰椎	脊柱腰段	不规则骨	5
	骶骨	骨盆后部	“▽形”不规则骨	1
	尾骨	骨盆后部	“▽形”不规则骨	1
肋骨	第1～12肋骨	胸廓	扁骨	12
胸骨	胸骨	胸廓正前部	扁骨	1

注：成人骶骨由5块骶椎融合而成，尾骨由4块尾椎融合而成。

（二）躯干骨主要骨性标志及特征

1. 椎骨

椎骨包括24块椎骨，1块骶骨，1块尾骨。除第1颈椎外，椎骨包括1个椎体、1个椎弓和7个突起。7个突起包括2个横突，2个上关节突，2个下关节突，1个棘突。上、下关节突上多数为平面关节面。各部椎骨主要区别见表1－8。

2. 肋骨

肋骨分为前端、体、后端三部分，在后端有肋小头关节面与肋结节关节面，均为平面状。

表 1－8　颈椎、胸椎、腰椎特征

名称	椎体	棘突	横突
第 1 颈椎(寰椎)	无	无	有横突孔
第 2 颈椎(枢椎)	小,上方有齿突	末端分叉	
第 3～6 颈椎	小	末端分叉	
第 7 颈椎(隆椎)	小	长,末端不分叉	
胸椎	较大,有肋凹	长,斜向后下方	有肋凹
腰椎	肥大	宽短,水平向后	细长

3. 胸骨

胸骨分为胸骨柄、体、剑突三部分,在胸骨上有一对锁切迹,若干对肋切迹。

4. 颈椎、胸椎、腰椎的主要特征及区别

颈椎、胸椎、腰椎的主要特征及区别见表 1－8。

（三）躯干骨连结

躯干骨连结包括椎骨间连结、胸椎与肋骨间连结、胸骨与肋软骨间连结,形成脊柱与胸廓两个整体结构。椎孔串联形成一条椎管,内藏脊髓。上、下椎骨的椎弓根切迹连结形成 23 对椎间孔,有脊神经根通过。

通过脊柱整体观、胸廓整体观学习躯干骨连结、运动、功能。

1. 脊柱整体观

（1）组成　脊柱由 24 块椎骨、1 块骶骨、1 块尾骨以及连结它们的 23 块椎间盘、关节和韧带构成。

①椎间盘:位于相邻两椎体之间,共 23 块,其总厚度占脊柱总长度的 1/4。主要由周围部的纤维软骨环和中央部的髓核构成,具有连结椎体、承受压力、吸收震动、减缓冲击和增加脊柱运动幅度的功能。

②韧带:连结脊柱的韧带种类多,长短不一,强弱不等,组织结

构也有一定的差异。前纵韧带与后纵韧带均属于长韧带，前者位于椎体前面，较为宽大坚韧，防止脊柱过度后伸、椎间盘向前脱出，后者位于椎体后面，较为窄小，防止脊柱过度前屈、椎间盘向后脱出。短小的韧带主要有横突间韧带、棘上韧带（在颈段称为项韧带）、棘间韧带、黄韧带（弹性较好）等。

③椎间关节：连结椎骨之间的关节统称椎间关节。其中较为特殊的有寰枕关节与寰枢关节。椎间关节多数为平面关节，各关节本身的运动幅度微小，但由于若干椎间关节运动幅度的叠加，使脊柱整体各方向的运动幅度大大增加。

（2）整体特征　从脊柱前面、后面与侧面观察脊柱有不同的特征。

①前面观：椎体自上而下，逐渐加宽，与脊柱承受力量大小有关。

②后面观：棘突连接形成纵嵴，正常人因为左右侧身体肌肉发育有一定差异，会有轻度侧弯，如果弯曲过大，会形成脊柱畸形。

③侧面观：侧面可见四个生理弯曲，其中颈曲、腰曲凸向前，为后天发育中形成，胸曲、骶曲凸向后，为胚胎时弯曲的保留。生理弯曲的形成，可使身体重心稍向后移，有利于维持身体平衡、直立行走，是人类在进化过程中逐渐形成的。

（3）功能　脊柱构成人体躯干的中轴，具有多种功能。

①支持负重：人体力量的上、下传递均需要通过脊柱完成。

②保护：脊柱参与胸腔、腹腔与盆腔壁的构成，保护内脏器官；椎孔串联形成的椎管保护脊髓。

③缓冲：脊柱的生理弯曲使力量在上下传递过程中得到明显的分散，加之椎体之间有椎间盘，也具有吸收震荡的作用，故脊柱具有良好的弹性，在人体运动中起着缓冲震荡的作用。

（4）运动　虽然脊柱各椎骨之间的运动幅度有限，但由于若干椎间关节运动幅度的叠加，以及椎间盘的变形效果，使脊柱的整体运动幅度大大增加。

脊柱能绕三个运动轴完成屈伸、侧屈、回旋（即左、右转体）以及环转运动，其中颈段与腰段运动幅度较大。

2. 胸廓整体观

（1）组成 胸廓由12个胸椎、1块胸骨、12对肋骨及其肋软骨，借关节（主要包括肋头关节、肋横突关节、胸肋关节，以及胸肋结合等）、胸椎间盘和韧带连结而成。

（2）特征 廓近似圆锥形，上窄下宽，可以分为2口、3径、4壁。上口通颈部，下口通过膈肌封闭。由于人类直立行走造成横径大于矢状径。胸廓的四壁由肋骨、肋软骨、胸椎等结构形成。

（3）功能 胸廓主要具有保护内脏器官，参与呼吸运动的功能。

二、颅骨及其连结简介

（一）颅 骨

人体的颅骨共计29块，分为脑颅骨、面颅骨和听小骨三部分。

1. 脑颅骨

脑颅骨共8块，其中1块额骨，2块顶骨，1块枕骨，1块蝶骨，2块颞骨，1块筛骨。颅腔由颅骨共同围成。

2. 面颅骨

面颅骨共15块，其中成对的有上颌骨、颚骨、颧骨、鼻骨、泪骨、下鼻甲骨；不成对的有下颌骨、犁骨和舌骨。颜面部、口腔、眼眶及鼻腔均由面颅骨构成。

3. 听小骨

听小骨共6块，位于左右颞骨岩部内，各3块。它们是锤骨、砧骨和镫骨，与听觉传导有关。

（二）颅骨连结

颅骨之间大部分通过韧带、软骨连结，以动关节形式连结的仅有颞下颌关节。

颞下颌关节，简称下颌关节，由颞骨的下颌窝和下颌骨的下颌头组成。该关节的关节囊松弛,囊外有韧带加强,关节腔内有关节盘,关节面软骨为纤维软骨,运动属于联合关节,主要进行上提、下降、前伸、后缩和侧向运动。

【学习方法】

1. 参考表1-8所列各部椎骨的椎体、棘突、横突的特征,利用骨标本,对照《运动解剖学》教材中配图,确认各骨。

(1)注意下列容易相互混淆的结构。

椎孔:椎体与椎弓围成的孔。

椎管:所有椎骨的椎孔串联形成一长管状的结构,容纳脊髓和脊神经根。

椎间孔:相邻椎骨的椎上、下切迹共同围成的孔,有脊神经和血管通过。

横突孔:颈椎横突上的孔,有椎动脉通过。

(2)注意颈椎、胸椎、腰椎的共性与个性。

2. 在复习躯干骨主要关节面基础上,利用骨、关节标本,对照教材上的配图理解记忆。学习中注意下列问题:

(1)参与躯干骨连结的骨数量多,形态各异,连结的组织差异较大。

(2)躯干骨连结的形式多样,在学习时注意从整体结构把握。尤其是脊柱的运动,应该从整体运动进行分析,运动为若干椎间关节运动幅度叠加,加之椎间盘位于椎体之间,进一步增加了运动幅度,故各方向运动幅度较大。

3. 颅骨及其连结　人体的颅骨数量多,形状多属于扁骨、不规则骨,且颅骨之间的连结主要是不动连结,只有颞下颌关节为动关节,通过骨连结形成保护脑的颅腔,颜面部的眼眶、鼻腔、口腔。

【应用知识】

1. 椎间盘突出症

急性扭伤或慢性劳损均可导致椎间盘纤维环破裂,髓核由裂口突出(一般向后外侧突出),刺激和压迫脊神经根、血管等周围软组织而引起一系列症状和体征,以腰部最为高发。本病多见于青壮年,男性多于女性,20～40 岁占 80%。常见症状有腰腿部疼痛、麻木、跛行、患肢发凉等。

2. 脊柱侧弯

脊柱后部的棘突正常时位于一条直线上,若出现偏离则为脊柱侧弯,是一种严重的外观畸形。引起侧弯的原因主要有负重不均、姿势不正、脊柱发育障碍等。主要症状有腰背疼痛,胸廓发痛,压迫心肺,进而引起心肺功能障碍或衰竭。

3. 驼背

驼背是胸椎后突所引起的形态改变,主要是由于背部肌肉薄弱、松弛无力所致,男女老幼都可发生。引起畸形的原因常见的有姿势不正、脊柱结核、脊髓灰质炎、脊柱骨折或脊柱发育障碍等,临床上没有治疗驼背的药物,通过体育疗法才能得到矫正。矫正的原则是增强背肌的力量,挺伸躯干的长度,扩张胸廓的范围,注意坐立的姿势。

4. 腰酸背痛

腰酸背痛大部分是短暂性的肌膜炎,经过数周后都会缓解或痊愈。年轻人大多数是由于姿势不良、缺乏运动、长期久坐及睡眠不足等原因造成的。老年人大部分是因为脊椎退化(甚至生长骨刺)导致椎管狭窄而压迫到神经造成。

5. 隐性脊柱裂

人体的椎骨发育是一种骨化过程,人出生后到青春期前,腰椎和骶椎均还未完全骨化,一般要在 17～23 岁方可完成。由于腰骶部有两个骨化中心,如果人体在停止发育之前未完全骨化成功,就会在腰椎或者骶椎形成"裂隙",这就是临床中常说到的"隐性脊柱裂",是导致腰背疼痛的原因之一。

6. 颈椎病

颈椎病是颈椎骨关节炎、增生性颈椎炎、颈神经根综合征、颈椎间盘脱出症的总称。该病为一种以退行性病理改变为基础的疾患,主要由于颈椎长期劳损、骨质增生,或椎间盘脱出、韧带增厚,致使颈椎脊髓、神经根或椎动脉受压，出现一系列功能障碍的临床综合征。

7. 鸡胸

鸡胸是由于患者胸前壁呈楔状凸起，状如禽类的胸骨而得名，是一种常见的胸廓畸形。造成畸形的原因，其一，在胎儿或婴幼儿时期，胸骨和脊椎骨、肋骨先天发育不平衡，造成了胸廓畸形；其二，婴幼儿得不到足够的营养，患有某些营养不良性疾病，例如小儿佝偻病，久之影响胸骨的发育，以致胸廓畸形。

第三节　附肢骨及其连结

【学习要求】

1. 熟悉锁骨、肩胛骨、肱骨、尺骨、桡骨的外形特征与主要关节面名称。

2. 熟悉髋骨、股骨、胫骨、腓骨的外形特征与主要关节面名称。

3. 掌握肩关节、肘关节、腕关节的组成、辅助结构、特点与运动。

4. 掌握髋关节、膝关节、踝关节的组成、辅助结构、特点与运动。

5. 熟悉肩胛骨的运动。

6. 熟悉骨盆的组成、特点与主要功能。

7. 熟悉足弓的组成、特点与主要功能。

【学习内容】

一、上肢骨及其连结

（一）上肢骨

1. 上肢骨概况

上肢骨概况见表1－9。

表 1－9　上肢骨概况

分类	名称	位置	形态	数量	分部	特征
上肢带骨	锁骨	胸廓前上方	长骨	1	一体两端	“∽”形，内侧 2/3 凸向前
	肩胛骨	胸廓后上方	扁骨	1	两面、三角、三缘	“▽”形
自由上肢骨	肱骨	上臂	长骨	1	一体两端	“I”形
	尺骨	前臂内侧	长骨	1	一体两端	上部大，下部小
	桡骨	前臂外侧	长骨	1	一体两端	上部小，下部大
	腕骨	手掌根部	短骨	8	近、远列，各 4 块	8 块腕骨形状各异
	掌骨	手掌	长骨	5	一体两端	短小
	指骨	手指	长骨	14	一体两端	拇指分为近、远 2 节，其他手指均分为近、中、远 3 节，均短小

2. 骨性标志

上肢骨的主要关节面，肌肉、韧带附着点见表 1－10。

表 1－10　上肢骨主要骨性标志

名称	关节面（形状特点）	肌肉、韧带附着点
锁骨	胸骨端（鞍状）、肩峰端（平面）	—
肩胛骨	关节盂（浅窝） 肩峰关节面（平面）	肩峰、喙突、肩胛冈 盂上结节、盂下结节
肱骨	肱骨头（半球状） 肱骨小头（半球状） 肱骨滑车（滑轮状）	大结节、小结节、大结节嵴 小结节嵴、三角肌粗隆 内上髁、外上髁
尺骨	滑车切迹（半月状） 桡切迹（缺口状） 环状关节面（圆柱状）	尺骨粗隆、冠突、茎突、鹰嘴

续表

名称	关节面(形状特点)	肌肉、韧带附着点
桡骨	桡骨头凹(浅窝) 环状关节面(圆柱状) 桡腕关节面 尺切迹(缺口状)	桡骨粗隆、茎突
腕骨	舟骨、月骨、三角骨(椭圆状) (共同组成腕关节头)	—

(二)上肢骨连结

上肢骨连结包括上肢带骨的连结与自由上肢骨的连结。在日常生活、体育运动中容易观察、体会到的为自由上肢骨的连结及运动。

1. 上肢带骨的连结

上肢带骨通过胸锁关节、肩锁关节与若干短小的韧带连结。

(1)胸锁关节　上肢与躯干连结中的唯一关节。主要由锁骨的胸骨端、胸骨的锁切迹组成,关节内有关节盘。可以绕三个基本轴进行运动,完成上下、前后、回旋运动,且运动幅度较大。

(2)肩锁关节　由锁骨的肩峰端与肩胛骨的肩峰构成,属于微动关节。

(3)肩胛骨的运动　上肢带的运动主要是锁骨绕胸锁关节的三个运动轴进行,由于锁骨与肩胛骨连结属于微动关节,锁骨的运动必然带动肩胛骨运动,而由于肩胛骨离胸锁关节远,运动幅度较大,故以肩胛骨的运动来代表上肢带的运动,其运动形式有:上提、下降、前伸、后缩、上回旋、下回旋。

2. 上肢三大关节

上肢三大关节,即肩关节、肘关节、腕关节的组成、辅助结构、特点及运动,见表 1-11。

表 1－11　上肢三大关节

<table>
<tr><th colspan="2" rowspan="2">名称
（形状）</th><th colspan="2">组成</th><th rowspan="2">辅助结构</th><th rowspan="2">主要特点</th><th rowspan="2">运动</th></tr>
<tr><th>关节头</th><th>关节窝</th></tr>
<tr><td colspan="2">肩关节
（球窝关节）</td><td>肱骨头</td><td>关节盂</td><td>关节唇：加大加深关节窝
盂肱韧带：加固前上部
喙肩韧带：加固上方
喙肱韧带：加固前下部</td><td>关节面差大
关节囊松薄
关节韧带弱小
运动幅度大</td><td>屈、伸
内收、外展
内旋、外旋
水平屈、伸
环转</td></tr>
<tr><td rowspan="3">肘关节</td><td>肱尺关节
（滑车关节）</td><td>肱骨滑车</td><td>滑车切迹</td><td rowspan="3">尺侧副韧带：加固尺侧
桡侧副韧带：加固桡侧
桡骨环韧带：限制桡骨</td><td rowspan="3">典型复关节
韧带不抵止在桡骨上</td><td rowspan="3">屈、伸
内旋、外旋</td></tr>
<tr><td>肱桡关节
（球窝关节）</td><td>肱骨小头</td><td>桡骨头凹</td></tr>
<tr><td>桡尺近侧关节
（圆柱关节）</td><td>桡骨环状关节面</td><td>尺骨桡切迹</td></tr>
<tr><td colspan="2">腕关节
（椭圆关节）</td><td>舟骨、
月骨、
三角骨</td><td>桡骨下
关节面
纤维
软骨板</td><td>掌侧副韧带：加固掌侧
背侧副韧带：加固背侧
尺侧副韧带：加固尺侧
桡侧副韧带：加固桡侧</td><td>纤维软骨板易损伤
运动幅度：屈大于伸，
内收幅度大于外展</td><td>屈、伸
内收、外展
环转</td></tr>
</table>

3. 上肢小关节简介

(1)前臂骨连结　尺骨与桡骨通过骨间膜、桡尺近侧关节、桡尺远侧关节相连,能够完成旋前、旋后运动。

(2)腕骨间关节　由近侧列 3 块腕骨和远侧列 4 块腕骨组成,骨间均有若干坚韧的韧带相连。该关节活动幅度虽小,但可以增加腕关节的运动幅度。

(3)腕掌关节　由远侧列 4 块腕骨和 5 根掌骨底组成,其中第 1 腕掌关节为鞍状关节,保证拇指完成多方向的灵活运动,其余腕掌关节包在一个关节囊内,为平面关节,活动幅度很小。

(4)掌指关节　掌指关节共 5 个,均由球形的掌骨头与近节指骨底构成,能完成屈伸、收展运动。

(5)指关节　指关节共 9 个,都是滑车关节,只能完成屈伸运动。

(三)下肢骨

1. 下肢骨概况

下肢骨概况见表 1 – 12。

表 1 – 12　下肢骨概况

分类	名称	位置	形态	数量	分部	特征
下肢带骨	髋骨	骨盆两侧	不规则骨	1	髂骨 耻骨 坐骨	上部呈扇形
自由下肢骨	股骨	大腿	长骨	1	一体两端	最粗、长的骨
	髌骨	膝盖	籽骨	1	两面一尖	最大的籽骨
	胫骨	小腿内侧	长骨	1	一体两端	上部膨大
	腓骨	小腿外侧	长骨	1	一体两端	骨体细长
	跗骨	足后部	短骨	7		7 块跗骨形状各异
	跖骨	足中部	长骨	5	一体两端	短小
	趾骨	足前部	长骨	14	一体两端	第一趾骨分为近、远两节,其他趾骨均分为近、中、远 3 节,均短小

2. 骨性标志

下肢骨的主要关节面，肌肉、韧带附着点见表1－13。

表1－13　下肢骨主要骨性标志

名称	关节面(形状特点)	肌肉、韧带附着点
髋骨	髋臼(深窝)、耳状面(平面) 耻骨联合面(平面)	髂嵴、髂窝、髂前上棘与下棘 坐骨结节、耻骨结节
股骨	股骨头(球状)、髌面(滑轮状) 内侧髁关节面(椭圆状) 外侧髁关节面(椭圆状)	大转子、小转子、臀肌粗隆 内上髁、外上髁 股骨粗线
髌骨	髌骨关节面	—
胫骨	内侧髁关节面(浅窝) 外侧髁关节面(浅窝) 内踝关节面(平面) 胫骨下关节面(浅窝)	胫骨粗隆、内踝
腓骨	外踝关节面(平面)	腓骨头、外踝
跗骨	距骨滑车(前宽后窄)	跟结节

(四)下肢骨连结

1. 下肢带骨连结

(1)连结　下肢带骨通过耻骨联合、左右骶髂关节、若干韧带连结。

①骶髂关节：由骶骨和髂骨的耳状面构成，关节囊紧张，有强大的韧带加固，活动极小。

②耻骨联合：由左、右两侧耻骨联合面借纤维软骨构成的耻骨间盘连结构成。属于半关节，特殊生理状态下有微小的活动(如妇女分娩时)。

③韧带：骨盆的韧带主要有骶髂韧带、骶结节韧带、骶棘韧带。这些韧带均较为坚韧，将骨盆连结形成一个牢固的骨环。

(2)骨盆整体观　骨盆由左右髋骨、骶骨、尾骨通过关节韧带连结形成,可分为小骨盆与大骨盆,在人体直立时,骨盆呈向前60°左右的倾斜位。骨盆整体形似拱形结构,坚固、省材,主要具有承载负荷、缓冲震动、保护内脏器官、运动等功能。作为整体结构,骨盆可以在腰骶连结处绕各种运动轴完成多向运动;绕两侧髋关节共同额状轴向前、向后运动,绕一侧髋关节垂直轴侧向运动,绕一侧髋关节矢状轴上下运动。

2. 下肢三大关节

髋关节、膝关节、踝关节的组成、辅助结构、特点与运动,见表1－14。

3. 下肢小关节简介

(1)小腿骨连结　胫骨与腓骨通过骨间膜、胫腓关节、胫腓连结相连,不能产生运动。

(2)跗骨间关节　跗骨之间的小关节,如距跗关节、跟骰关节等。关节之间运动幅度虽然很小,但是可以增加踝关节运动幅度。

(3)跗跖关节　跗骨与跖骨之间的关节,活动幅度很小。

(4)跖趾关节　跖骨与趾骨之间的关节,活动幅度较小。

(5)趾间关节　趾骨之间的关节,有一定的活动幅度。

4. 足弓

跗骨、跖骨借韧带和肌肉的牵拉,形成凸向上的拱形结构,坚固、省材,可分为内侧纵弓、外侧纵弓与横弓。其中内侧纵弓较高,弹性好,又称弹性足弓,外侧纵弓较低,支撑作用明显,又称支撑弓。

足弓主要具有增加足的弹性,缓冲震荡,分散力量、保护足底神经、血管免受压迫等功能。

【学习方法】

1. 参考表1－9、表1－10,利用骨标本,对照《运动解剖学》教材中配图观察上肢骨特征,确认各骨。如尺切迹在桡骨下端,桡切迹在尺骨上端;桡骨上端细小,下端粗大;尺骨上端粗大,下端细

表 1-14 下肢三大关节小结

名称		组成		辅助结构	主要特点	运动
		关节头	关节窝			
髋关节（球窝关节）		股骨头	髋臼	髋臼唇：加大加深关节窝 髂股韧带：限制关节伸 耻股韧带：限制关节外展、外旋 坐股韧带：限制关节内收、内旋 股骨头韧带：营养股骨头	关节面差小 关节囊紧厚 韧带强大 稳定性大	屈、伸 内收、外展 内旋、外旋 水平屈、伸 环转
膝关节	股胫关节（椭圆关节）	股骨内侧髁 股骨外侧髁	胫骨内侧髁 胫骨外侧髁	半月板：加深关节窝、缓冲震荡 胫侧副韧带：加固胫侧 腓侧副韧带：加固腓侧 髌韧带：加固前方 前交叉韧带：限制胫骨近端前移 后交叉韧带：限制胫骨近端后移 滑膜囊：减小肌腱与骨摩擦 滑膜襞：填充关节内腔隙	两组关节面 辅助结构多 运动独特	屈、伸 内旋、外旋
	股髌关节（滑车关节）	股骨髌面	髌骨关节面			
踝关节		距骨滑车	内踝关节面 外踝关节面 胫骨下关节面	三角韧带：加固内侧 距腓前韧带：加固外侧 距腓后韧带：加固外侧 跟腓韧带：加固外侧	外侧韧带 易损伤	背屈（伸） 跖屈（屈） 内翻、外翻

小;桡神经沟和尺神经沟均在肱骨上。

2. 参考表1－12、表1－13,利用骨标本,对照《运动解剖学》教材中配图观察下肢骨特征,确认各骨。如股骨头与股骨干之间有较大角度;胫骨粗大,腓骨细小等。

3. 在复习上肢骨主要关节面、附着点、关节辅助结构名称及其主要功能的基础上,参考表1－10,利用骨、关节标本,对照《运动解剖学》教材中配图学习上肢骨连结内容。学习中注意下列问题:

(1)以肩胛骨运动代表上肢带骨的运动。

(2)由于肩关节窝小而浅,关节囊薄弱松弛,韧带弱小,故灵活性大。

(3)肘关节是典型复关节,关节囊内有三组关节面。

(4)尺骨因其下方有纤维软骨板,故不参与桡腕关节的组成;豌豆骨在三角骨上,故不参与桡腕关节头的组成。

4. 在复习下肢骨主要关节面、附着点、关节辅助结构名称及其主要功能的基础上,参考表1－13,利用骨、关节标本,对照《运动解剖学》教材中配图学习下肢骨连结内容。学习中注意下列问题:

(1)从整体角度学习骨盆、足弓。

(2)髋关节窝大而深,关节囊致密紧厚,韧带强大,故稳定性较大。

(3)膝关节的复杂性主要表现在三个方面:两组关节面、辅助结构多而复杂、运动形式较为特殊。

(4)由于踝关节头前宽后窄,故屈位时关节松动;该关节外侧韧带易损伤。

【应用知识】

1. 桡神经沟与尺神经沟

肱骨体的后方有一条自上内侧向下外侧的螺旋而行的浅沟,称为桡神经沟,有桡神经紧贴通过。肱骨体骨折伤及桡神经,会出现“垂腕”症状。在肱骨滑车内侧,内上髁的背面有一浅沟,称为尺神经沟,有尺神经通过,肱骨内侧髁上骨折伤及尺神经,会出现

“爪形手”症状。

2. 测量上肢与下肢长度标志

从肩峰至肱骨外上髁，为上臂长度；从肱骨外上髁至尺骨茎突为前臂长度。大转子尖至腓骨小头为大腿长度；腓骨小头至外踝为小腿长度。

3. 腕舟骨骨折

腕舟骨骨折多发于青壮年，常为间接暴力所致，由于跌倒时手掌撑地，腕关节过度桡侧背伸，暴力向上传达，腕舟骨被锐利的桡骨关节面的背侧缘或茎突缘切断而发生骨折。按其骨折部位主要可分舟骨结节骨折，舟骨腰部骨折，舟骨近端骨折，其中舟骨腰部骨折由于血供较差，修复更为困难。主要症状有骨小梁欠连续，骨皮质外侧欠光滑，对位对线不准，关节间隙大，尺骨部位时有疼痛。

4. 髌骨软骨症

髌骨的内面与股骨的髌骨面接触部位有一层软骨，由于长期的激烈运动造成软骨的磨损，变得凹凸不平，引起疼痛。其病理机制是软骨的退行性变。主要症状有膝前疼痛和轻度跛行，跑步、上楼或骑车蹬踏时疼痛加重，休息时则疼痛减轻。

5. 胫骨粗隆炎与胫骨骨膜炎

胫骨上端与胫骨体移行处前面的粗糙隆起，称为胫骨粗隆，股四头肌的肌腱止于此结构。人体在走、跑、跳等运动中，均由股四头肌牵拉伸膝关节，容易造成胫骨粗隆的炎症反应。在运动中，人们常出现胫骨体前下段疼痛的现象，主要原因为胫骨承受较大应力，导致胫骨骨膜炎发生。

6. 股骨头坏死

股骨头坏死全称股骨头无菌性坏死，或股骨头缺血性坏死，病变部位多在股骨头的骨化中心。该病是由于多种原因导致的股骨头局部血液循环不良，从而引起骨细胞进一步缺血、坏死、骨小梁断裂、股骨头塌陷的一种病变。

7. 坐骨结节炎

坐骨结节是股后三块肌肉的主要附着部位，在正压腿、正踢腿等动作中，由于股后肌群时常处于被动拉长状态，对其附着部位也产生了牵拉。长此以往，容易造成该部位急性损伤、慢性劳损，发生炎症，且修复困难。

8. 肘关节脱位

肘关节脱位较常见，其中后脱位发生比例较大。跌倒时，手掌着地，外力通过前臂传至肘部，前臂旋后位，尺骨鹰嘴在鹰嘴窝内起到杠杆作用，使得尺桡骨移向后方造成肘关节脱位。肘关节脱位后，应特别注意活血化瘀，消肿后才能够进行功能锻炼，否则容易造成血肿钙化，导致骨化性肌炎，严重影响运动功能。

9. 关节唇损伤

在肩关节窝与髋关节窝周缘的纤维软骨组织为关节唇。在关节大幅度运动时，由于肱骨头或股骨头的挤压、关节囊、关节韧带的牵拉，容易造成急性损伤与慢性劳损。

10. 腕纤维软骨板损伤

腕关节窝尺侧部为纤维软骨板构成，在上肢承受推、拉等力量时，容易发生急性损伤与慢性劳损。急性期患者桡尺远侧关节的尺侧肿胀，常伴有前臂旋转痛，腕背伸痛，主动、被动尺侧倾疼痛，抗阻力旋前、旋后疼痛，抗阻力桡侧倾疼痛，桡尺远侧关节松弛或前后错动时有响声等症状。

11. 半月板损伤

半月板损伤主要是膝关节在屈伸时受到旋转应力所致。突然较大的暴力可引起急性损伤，长期反复的小创伤或磨损积累可导致慢性损伤。根据损伤的形态可分为边缘撕裂、完全撕裂、松弛不稳等类型。急性期膝关节有明显疼痛，肿胀和积液，关节屈伸活动障碍。急性期过后，肿胀和积液可自行消退，但活动时关节仍有疼痛，尤以上下楼、上下坡、下蹲起立、跑、跳等动作时疼痛更明显，严重者可跛行或屈伸功能障碍，部分患者有“交锁”现象，或在膝关节屈伸时有弹响。

12. 交叉韧带损伤

膝交叉韧带损伤是膝关节的严重损伤之一，它包括挫伤、部分断裂、完全断裂、超限拉长等。膝关节强力过伸、过度内旋、外展或强力屈曲内旋可导致前交叉韧带损伤。后交叉韧带比较强大，损伤多为强大暴力所致，多发生在膝屈曲位。早期会出现关节疼痛、肿胀、关节积水、关节活动受限，如果未及时进行治疗，可以出现不同程度的关节不稳感、错动感，严重的还可继发膝关节骨性关节炎等其他病变。

13. 踝关节韧带损伤

踝关节韧带是维持踝关节稳定的重要结构，在人体关节韧带损伤中占第一位。主要分为外侧韧带损伤、内侧三角韧带损伤、下胫腓联合损伤等。其中尤其是外侧韧带损伤最为多见。主要是因为该关节处于跖屈位置时，距骨滑车狭窄部进入踝关节窝，造成关节不稳，加之外踝较内踝低，距跟外侧韧带较内侧薄弱，且足内翻肌力较外侧强大，快速行走时，足踝位置协调不及，易造成关节跖屈、内翻、旋后位置着地，足受到内翻应力，距跟外侧韧带受到牵拉而损伤。

14. 扁平足

扁平足主要是由于某些原因使足骨形态异常、肌肉萎缩、韧带挛缩或慢性劳损造成足纵弓塌陷或弹性消失所引起的足痛，又称为扁平足。容易产生慢性足部肌肉拉伤、肌腱炎、足底筋膜炎等并发症，严重者还会引起骨性关节炎。

第二章　骨骼肌

第一节　骨骼肌概述

【学习要求】

1. 掌握骨骼肌构造。

2. 掌握骨骼肌的物理特性。

3. 掌握与肌肉工作有关的概念：生理横断面、肌肉初长度、肌拉力线、原动肌、拮抗肌、向心工作、离心工作、多关节肌主动不足、多关节肌被动不足。

4. 熟悉与肌肉工作有关的概念：近固定、远固定、固定肌、中和肌、动力性工作、静力性工作、起点与止点、动点与定点。

【学习内容】

一、肌肉的分类与命名

（一）肌肉的分类

人体肌肉有500余块，每个人之间肌肉数量差异不大，但是肌肉发达程度明显不同。可以根据肌肉的外形、分布、主要功能分类。

1. 根据外形分类

根据肌肉的外形可分为长肌、短肌、扁肌、轮匝肌。其中长肌又可以根据肌头数目分为二头肌、三头肌、四头肌。根据肌纤维排列分梭形肌、羽状肌、多羽肌、半羽肌。

2. 根据位置分类

根据肌肉的位置可分为四肢肌、躯干肌、头颈肌；浅层肌、深层肌。

3. 根据功能分类

根据骨肉的功能可分为屈肌、伸肌、内收肌、外展肌、旋内肌、旋外肌。

（二）肌肉的命名

肌肉的名称一般是结合肌肉的位置、外形特点、起止点、主要功能、肌纤维排列状况等因素综合命名，如胸大肌、背阔肌、竖脊肌、三角肌等。

二、肌肉的构造

肌肉，一般是指骨骼肌，为运动系统的组成部分，每块肌肉均为一个器官。以梭形肌为例，肌肉包括肌腹、肌腱、血管与神经，以及辅助结构。

（一）肌 腹

肌腹位于肌肉中部，由具有收缩能力的肌纤维与肌内膜、肌束膜、肌外膜构成。其中肌内膜包裹每条肌纤维，肌束膜包裹每束肌纤维，肌外膜包裹整个肌腹，三类膜均属于结缔组织，将肌腹与肌腱连接形成有机整体。此外，三类膜还具有保护、营养、修复肌腹的功能。

（二）肌 腱

肌腱位于肌肉两端，由致密结缔组织构成，无收缩性，十分坚韧，具有连接肌腱与骨、将肌肉的收缩力传递到骨面，牵引骨运动等作用。肌腱结构中胶原纤维的排列状况将影响肌肉收缩力的传递，也与肌腱强度有关。

（三）血管与淋巴管

1. 血管

肌肉中的动脉携带氧气、营养物质通过肌外膜、肌束膜进入肌肉，越分越细，最终移行为毛细血管网，分布于肌内膜上。肌肉的物质、气体代谢与交换在肌内膜与肌纤维之间完成。肌肉中的静脉将肌纤维产生的废物与二氧化碳运至肌肉外，通过血液循环运输到相应器官排出。

2. 淋巴管

毛细淋巴管起于肌纤维周围，越合越粗，形成淋巴管、淋巴干，与静脉伴行，具有运输分子物质的作用。

(四)神　经

肌肉中分布有躯体运动神经、躯体感觉神经、交感神经。运动神经传递中枢神经系统冲动，支配肌肉活动；感觉神经接受肌纤维张力变化等各种刺激，并将冲动传到中枢神经系统；交感神经主要控制毛细血管开放，调节肌纤维代谢功能。

三、辅助结构

肌肉周围有一些结构，有利于肌肉工作，称为肌肉的辅助结构。主要包括筋膜、腱鞘、滑膜囊、籽骨、滑车，重点学习腱鞘的结构及功能。

腱鞘是套在肌腱外的双层鞘状结构，内层为滑膜层，外层为纤维层，两层之间有少量滑液。腱鞘具有减少肌腱与骨面之间的摩擦，起到保护肌腱的作用。在人体的腕、踝部的肌腱一般均有腱鞘。

四、肌肉的工作术语

分析肌肉附着于骨上的位置、跨过关节数量，有助于确定肌肉的功能。在学习肌肉功能时，需要明确以下术语。

(一)起点与止点

肌肉一般以两端附着于骨上，其靠近身体正中面、颅侧或近侧的一端为起点，另一端为止点。部分肌肉有多个起点与止点，如肱二头肌具有两个起点，两个止点。肌肉的起点与止点固定不变。

(二)动点与定点

肌肉工作时，一端附着点运动明显，称为动点，另一端附着点不动或运动不明显，称为定点。肌肉的定点与动点可随动作的改变而发生改变。如“弯臂屈肘”动作，前臂向上臂靠拢，肱肌的起点移动幅度较小为定点，止点移动幅度较大为动点；“引体向上”动作，上臂向前臂靠拢，肱肌的止点移动幅度较小为定点，起点移动幅度较大为动点。

（三）肌肉的固定

在肌肉收缩时，其附着点中相对运动幅度小，甚至不动的部分视为“固定”，身体不同部位的肌肉的固定状态有一定差异。

1. 近固定与远固定

肌肉收缩时，定点在近侧称为近固定，定点在远侧称为远固定。主要用于四肢肌、部分躯干肌功能分析。

2. 上固定与下固定

肌肉收缩时，定点在上端称为上固定，定点在下端称为下固定。主要用于腹部的肌肉与背部深层的肌肉功能分析。

3. 无固定

人体处于腾空状态时，腹部与背部的部分肌肉定点与动点之间产生相向运动称为无固定。主要用于腹部、背部肌肉功能分析。

肌肉的固定情况是肌肉收缩时的工作条件。在分析肌肉工作时，可以分别分析肌肉处于近固定、远固定或上固定、下固定时的功能。

五、肌肉的配布规律

肌肉按照一定规律配布在骨骼上。人体各部位肌肉配布的数量、功能状态与下列因素有关。

（一）与关节运动轴有关

肌肉一般以相互拮抗的形式分布于关节运动轴两侧，见表2－1。

表 2－1　肌肉配布与关节运动轴关系

关节运动轴	肌肉的位置	功能
额状轴 （膝关节以下相反）	前方 后方	屈 伸
矢状轴	外侧或上方 内侧或下方	外展 内收
垂直轴 （左侧相反）	顺时针方向牵拉 逆时针方向牵拉	旋外 旋内

（二）与劳动、直立行走有关

上肢主要完成较为精细的运动，故肌肉数量多、体积小，分工细；下肢主要完成强度较大的运动，故肌肉数量少，体积大。

人体的直立需要脊柱伸、髋关节伸、膝关节伸、踝关节背屈，但由于重力作用往往容易产生脊柱屈、髋关节屈、膝关节屈、踝关节跖屈，故在脊柱伸侧、髋关节伸侧、膝关节伸侧、踝关节背屈侧配布较为发达的肌肉，以对抗由于重力造成的作用。

六、肌肉的物理特性

（一）伸展性与弹性

肌肉在外力作用下，可被拉长的特性称为伸展性。当外力解除后，被拉长的肌肉可以恢复原状，这种特性称为弹性。肌肉的这种物理特性类似于橡皮筋在受力及力解除后的表现。

（二）黏滞性

肌肉黏滞性是肌肉在收缩或被拉长时，肌纤维之间、肌肉之间、肌群之间发生摩擦的外在表现。肌肉的这种物理特性类似于胶水等胶状物的特性。

(三)肌肉物理特性在体育运动中的运用

体育运动中,可以利用肌肉具有伸展性与弹性发展柔韧素质、增加肌肉收缩力;运动前的热身运动有利于降低肌肉的黏滞性,避免发生运动损伤。

七、影响肌肉力量发挥的解剖学因素

(一)肌肉生理横断面

横切一块肌肉所有肌纤维所得到的断面总和称为生理横断面。肌肉生理横断面愈大,表明该肌肉的肌纤维数量多,体积大,故肌肉的绝对力量就愈大。同体积的羽状肌与梭形肌比较,羽状肌的生理横断面较大,故肌肉力量较大,发展其肌力的潜力也较大。

(二)肌肉初长度

肌肉在收缩之前的长度称为肌肉初长度。肌肉处于适宜的初长度时(感到便于用力状态)收缩能够产生最大力量。在完成动作时,关节的角度直接影响肌肉初长度,故在运动中只有关节处于最佳角度时,肌肉才能发挥最大力量。

八、确定肌肉功能的方法

在运动解剖学教学中,主要采用扪触、分析肌拉力线与关节运动轴的关系等方法了解肌肉的功能;在科学研究中还可以采用测试运动的肌电变化、临床观察等方法了解肌肉的功能。下面主要介绍通过肌拉力线与关节运动轴关系确定肌肉的功能的方法。

(一)肌拉力线定义

肌肉的合力作用线,称为肌拉力线,其方向由动点指向定点,用肌肉起点中心与止点中心的连线表示。

(二)肌拉力线与关节运动轴关系

分析肌拉力线跨过关节运动轴的情况,确定肌肉功能,可以参考表2-1加以理解。

1. 肌拉力线与额状轴关系

肌拉力线从额状轴前方跨过,肌肉收缩可使关节屈;反之则使关节伸(膝关节及其以下关节相反)。

2. 肌拉力线与矢线轴关系

肌拉力线从矢线轴上方或上外侧跨过,肌肉收缩时可使关节外展;反之则使关节内收(头颈和躯干称为左回旋或右回旋)。

3. 肌拉力线与垂直轴关系

在四肢右侧,肌拉力线逆时针方向跨过垂直轴,肌肉收缩可以使关节内旋(或称为旋前),顺时针方向跨过垂直轴,肌肉收缩可以使关节外旋(或称为旋后),左侧相反。在头颈部与躯干部,肌拉力线逆时针方向跨过垂直轴,可以使头颈、躯干向左回旋,顺时针方向跨过垂直轴,可以使头颈、躯干向右回旋。

九、肌肉的协作关系

无论复杂还是简单的运动,都会有若干肌肉参加工作,根据肌肉在运动中所起的作用,将肌肉的工作状况分为原动肌、拮抗肌、固定肌及中和肌。

(一)原动肌

直接完成动作的肌肉或肌群称为原动肌。如运动员在完成“高抬腿”动作时,髂腰肌、股直肌是屈髋关节的原动肌。

(二)拮抗肌

与原动肌功能相反的肌肉或肌群称为拮抗肌。如运动员在完成“高抬腿”动作时，臀大肌是屈髋关节的拮抗肌。

(三)固定肌

将原动肌定点所附着的骨固定的肌肉或肌群叫固定肌。如运动员在完成“前臂弯举”动作时，肱二头肌是完成动作的原动肌，该肌的定点在肩胛骨，肩带肌群用作固定肩胛骨，使肱二头肌的肌力主要用于拉前臂向上臂靠近，肩带肌群就是固定肌。

(四)中和肌

抵消原动肌多余功能，让其发挥主要功能的肌肉称为中和肌。如运动员在完成“扩胸运动”时，斜方肌是原动肌，该肌使肩胛骨后缩、上回旋，菱形肌抵消其上回旋肩胛骨的力量，补充其后缩肩胛骨的力量，菱形肌即为斜方肌完成肩胛骨后缩的中和肌。

十、肌肉的工作性质

根据肌肉工作时长度的变化，分为动力性工作和静力性工作两大类。

(一)动力性工作

肌纤维紧张持续时间短，收缩和放松不断交替，经常改变拉力角度、方向及骨杠杆的位置，肌肉长度有变化，这种工作称为动力性工作。根据肌肉工作时长度变化，动力性工作分为向心工作和离心工作。

1. 向心工作

肌肉收缩克服阻力，肌力大于阻力，使运动环节朝向肌拉力方向运动，肌肉长度变短的工作称为向心工作，也称为克制工作。如“正踢腿”动作中，髂腰肌、股直肌使髋关节屈的工作。

2. 离心工作

肌肉在阻力的作用下逐渐被拉长，阻力大于肌力，使运动环节朝向肌拉力相反方向运动，肌肉长度变长的工作称为离心工作，也称为退让工作。如“落地缓冲”动作中，股四头肌虽然是原动肌，但长度变长，完成的是离心工作。

（二）静力性工作

肌纤维紧张持续一段时间，收缩和放松不交替，使运动环节固定、维持一定的身体姿势，肌肉长度不变的工作称为静力性工作。根据肌肉收缩对抗的阻力情况差异，分为支持工作、加固工作和固定工作三种。

1. 支持工作

肌肉收缩或被拉长到一定程度后，长度不再变化，使运动环节保持一定的姿势，这种工作称为支持工作。如“双杠直角支撑”时，髂腰肌、股直肌完成支持工作，抵消下肢重力作用，保持髋关节屈状态。

2. 加固工作

肌肉收缩防止关节头与关节窝在外力的作用下分离的工作为加固工作。如“肋木悬垂”动作中，肘关节的屈肌群与伸肌群共同收缩，防止肱骨与桡骨和尺骨分离，完成加固工作。

3. 固定工作

肌肉收缩保持关节处于某种状态的工作叫固定工作。如“弯臂屈肘”动作中，固定肩胛骨的肌肉完成固定工作，使肩关节保持解剖位。

十一、多关节肌的工作特点及其应用

（一）单关节肌与多关节肌

肌肉的起点与止点之间只跨过一个关节称为单关节肌。如肱肌起点在肱骨体前面，止点在尺骨粗隆，该肌只跨肘关节，为典型的单关节肌。肌肉的起点与止点之间跨过两个或两个以上的关节称为多关节肌。如肱二头肌起点在肩胛骨喙突和盂上结节，止点在桡骨粗隆与前臂筋膜，该肌跨肩关节与肘关节，为典型多关节肌。

（二）多关节肌功能特点

1. 多关节肌主动不足

多关节肌作为原动肌工作时，在一个关节收缩用力以后，在其他关节会感到不能充分用力，这种现象叫多关节肌主动不足（其实质是肌力不足）。如运动员在完成“正踢腿”动作时，股直肌使髋关节屈、膝关节伸，会出现力量分散在两个关节的现象。在体育运动中可以通过发展肌肉力量，或避免肌肉在多关节发力，一定程度上克服或避免出现主动不足的现象。

2. 多关节肌被动不足

多关节肌作为对抗肌工作时，在一个关节被拉长，在其他关节就不能被充分拉长，这种现象叫多关节肌被动不足（其实质是肌肉伸展性不足）。如运动员在完成“正踢腿”动作时，髋关节屈、膝关节伸，使股后肌群在两个关节处被拉长，该肌群会出现被动不足现象。在体育运动中可以通过发展相关肌肉的伸展性，或避免肌肉在多关节处被拉长，在一定程度上克服或避免肌肉出现“被动不足”，有助于提高运动成绩、预防运动损伤。

第二节　躯干肌

【学习要求】

1. 掌握下列10块重要肌肉的位置和主要功能。

斜方肌、背阔肌、竖脊肌、胸大肌、前锯肌、膈肌、腹直肌、腹内斜肌、腹外斜肌、胸锁乳突肌。

2. 掌握运动肩胛骨、脊柱的肌肉名称。

【学习内容】

躯干肌按部位分为背肌、胸肌、膈肌、腹肌和会阴肌。

一、躯干肌概况

（一）颈　肌

颈肌分浅、中、深三群。

1. 颈浅肌群

颈浅肌群位于颈部浅层，包括颈阔肌与胸锁乳突肌，主要具有运动头颈部，拉紧颈部皮肤的功能。

2. 颈中肌群

颈中肌群位于舌骨上方和下方，主要运动舌骨和下颌骨，配合吞咽与发音。

3. 颈深肌群

颈深肌群位于脊柱颈段的前外侧，分为外侧和内侧两群。主要使头、脊柱颈段前屈。

（二）背　肌

背肌位于躯干背部，分为浅、深两层，长、短两类。其中背阔肌、斜方肌、竖脊肌在体育运动中作用明显。背浅层肌主要与肩胛骨、肩关节运动有关，背深层肌主要与脊柱运动有关。

（三）胸　肌

胸肌位于胸廓前面，包括胸上肢肌、胸固有肌，前者主要与肩胛骨、肩关节运动有关，后者主要与呼吸运动有关，其中胸大肌、前锯肌在体育运动中作用明显。

（四）呼吸肌

呼吸肌是与呼吸关系密切的肌肉统称，分固有呼吸肌与辅助呼吸肌两类。固有呼吸肌包括膈肌（腹式呼吸主要动力），肋间内、外肌（胸式呼吸主要动力），辅助呼吸肌主要包括胸大肌、背阔肌、前锯肌等。

(五)腹　肌

腹肌位于胸廓下缘前部与骨盆之间,参与形成腹壁,包括腹前外侧壁的 4 块肌肉,即腹直肌、腹外斜肌、腹内斜肌与腹横肌;腹后壁的 1 块肌肉,即腰方肌。腹外侧壁的 4 块肌肉的结构、位置关系密切,在体育运动中作用明显。腹肌主要使脊柱、骨盆产生运动。

(六)会阴肌

会阴肌是若干封闭骨盆下口肌肉的总称,具有承托盆腔和腹腔脏器与承受腹腔压力等的作用。

二、躯干重要肌肉解剖学概述

(一)胸锁乳突肌

胸锁乳突肌位于颈部两侧,起于胸骨柄前面、锁骨胸骨端,止于颞骨乳突,为典型按肌肉的起止点命名的肌肉。下固定时,两侧收缩,使头、颈段脊柱屈或伸,单侧收缩,使头、颈同侧屈,头面部转向对侧;上固定时,上提胸廓,辅助吸气。

(二)斜方肌

斜方肌位于颈部、背上部皮下,单侧为三角形,两侧合成斜方形。起于枕外隆凸、项韧带和全部胸椎棘突,涉及面宽。该肌上、中、下三部分肌纤维向外下方集中,止于锁骨外 1/3、肩峰和肩胛冈。近固定时,上部肌束使肩胛骨上提、上回旋、后缩;下部肌束使肩胛骨下降、上回旋、后缩;中部肌束使肩胛骨后缩;远固定时,单侧收缩,使脊柱同侧屈、对侧回旋;双侧收缩具有抬头、挺胸的作用。

（三）背阔肌

背阔肌位于腰背部皮下，上部被斜方肌遮盖，是全身最大的扁肌。起点涉及结构多：上6个胸椎棘突、全部腰椎棘突、骶正中嵴、髂嵴后部、下三肋外侧面，止于肱骨小结节嵴。近固定时，使肩关节伸、内收、内旋；远固定时，拉躯干向上、提拉肋骨辅助吸气。

（四）竖脊肌

竖脊肌纵列于背部正中线两侧，包括三部分：由内侧向外侧依次为棘肌、最长肌、髂肋肌。该肌均呈现“沿途有起止点”状态，故每条肌纤维长度较短。整体观该肌起于骶骨背面、髂嵴后部，止于颈椎、胸椎棘突与横突、颞骨乳突和肋角。下固定时，单侧收缩，使脊柱同侧屈；两侧收缩，使头和脊柱伸，是维持人体直立姿势的主要肌肉之一。

（五）胸大肌

胸大肌位于胸廓前部皮下，扇形，羽状肌。起点范围较宽：锁骨内侧半、胸骨体前面、上位6个肋骨前面、腹直肌鞘前壁的上部，止于肱骨大结节嵴。近固定时，使肩关节屈、内收、内旋；远固定时，完成引体向上动作，并提拉肋骨辅助吸气。

（六）前锯肌

前锯肌位于胸廓侧面，上部前面被胸大肌遮盖，下部后面被背阔肌遮盖。起于上8~9肋骨外侧面、腹直肌鞘前壁上部，止于肩胛骨内侧缘与下角前面。近固定时，使肩胛骨前伸、上回旋；远固定时，提拉肋骨辅助吸气。

（七）膈　肌

膈肌为穹隆形的扁肌，封闭胸廓下口。起于上位3个腰椎前面、下位6个肋内面、剑突后面，肌纤维向中部汇集，成为中心腱，也是该肌的止点。由于有食管、主动脉、下腔静脉穿过,膈肌上有食管裂孔、主动脉裂孔、腔静脉裂孔。肌肉收缩时,穹窿下降,胸腔容积增加,吸气;肌肉放松时,穹窿上升,胸腔容积减少,呼气。

(八)腹直肌

腹直肌位于腹前壁正中线两侧,被腹直肌鞘包裹,肌肉的前面有3~4条腱划与鞘连接。起于第5~7肋软骨前面、胸骨剑突,止于耻骨上缘。上固定时,双侧收缩,使骨盆后倾;下固定时,单侧收缩使脊柱同侧屈,双侧收缩使脊柱前屈。该肌生理横断面较大,力臂与杠杆臂较长,是脊柱强有力的屈肌。

(九)腹外斜肌

腹外斜肌位于腹外侧壁浅层,起于下位8个肋骨外侧面,止于髂嵴、耻骨结节及白线。肌纤维走向为外上至内下,大部分向中线集中,形成腱膜,参加腹直肌鞘形成,腱膜下缘增厚形成“腹股沟韧带”,该韧带是运动中容易被拉伤的部位。上固定时,双侧收缩,使骨盆后倾;下固定时,单侧收缩,使脊柱同侧屈、对侧回旋,双侧收缩,使脊柱前屈。

(十)腹内斜肌

腹内斜肌位于腹外斜肌深层,起于髂嵴、腹股沟韧带外侧2/3,止于下3肋、白线。肌纤维走向为外下至内上,大部分向中线集中,形成腱膜,参加腹直肌鞘形成。上固定时,双侧收缩,使骨盆后倾;下固定时,单侧收缩,使脊柱同侧屈,同侧回旋,双侧收缩,使脊柱前屈。

三、躯干肌的特殊结构

(一)胸腰筋膜

胸腰筋膜是包裹在竖脊肌、腰方肌等腰背部肌肉周围的致密结缔组织，在腰部特别增厚。由于腰部活动幅度较大，在运动中此筋膜可发生急性损伤与慢性劳损，造成腰部疼痛。

（二）腹直肌鞘

腹直肌鞘是包裹腹直肌的致密结缔组织鞘状结构，由腹外斜肌、腹内斜肌、腹横肌的腱膜构成，具有增加腹前壁强度，保护、约束腹直肌等作用。

四、运动头颈、脊柱、骨盆的肌群

运动头颈、脊柱、骨盆的肌群小结，见表2－2。

表2－2　运动头颈、脊柱、骨盆肌群小结

部位	关节	肌肉名称
头颈	屈	胸锁乳突肌（双侧）
	伸	斜方肌、竖脊肌（双侧）
	侧屈	斜方肌、竖脊肌（同侧）
	左回旋	胸锁乳突肌、斜方肌（右侧）
	右回旋	胸锁乳突肌、斜方肌（左侧）
脊柱	屈	腹直肌、腹内、外斜肌（双侧）
	伸	竖脊肌、斜方肌（双侧）
	侧屈	腹直肌、竖脊肌（同侧）
	左回旋	腹内斜肌（左侧）、腹外斜肌（右侧）
	右回旋	腹内斜肌（右侧）、腹外斜肌（左侧）
骨盆	前倾	竖脊肌（双侧）
	后倾	腹直肌、腹内斜肌、腹外斜肌（双侧）
	左回旋	臀大肌（右侧）
	右回旋	臀大肌（左侧）
	侧倾	臀大肌（同侧）

第三节　头　肌

一、面肌简介

面肌也称表情肌,起于颅骨,止于面部皮肤。肌肉的位置浅表,主要在口裂、眼裂和鼻孔的周围,有开大或闭合上述孔裂的作用。

二、咀嚼肌简介

咀嚼肌主要有咬肌、颞肌等,收缩完成咀嚼运动。

第四节　上肢肌

【学习要求】

1. 掌握下列四块肌肉的位置和主要功能。

三角肌、肱二头肌、肱肌、肱三头肌。

2. 掌握运动上肢三大关节肌肉的名称。

【学习内容】

上肢肌按部位分为肩带肌、上臂肌、前臂肌和手肌。

一、上肢肌简介

(一)肩带肌

肩带肌包绕肩胛骨、肩关节周围,由三角肌、冈上肌、冈下肌、小圆肌、大圆肌和肩胛下肌六块肌肉构成,其中三角肌在体育运动中作用明显,其余五块肌肉除有运动肩关节的功能之外,还形成关节囊周围的肌腱袖，保护肩关节。

肌腱袖：冈上肌、冈下肌、小圆肌和肩胛下肌四块肌肉都从肩关节上方、后方和前方跨过，并与肩关节囊紧贴，它们的肌腱共同形成“肌腱袖”，具有加固和保护肩关节的作用。

（二）上臂肌

上臂肌包绕肱骨周围，分前、后两群，包括肱二头肌、喙肱肌、肱肌、肱三头肌、肘肌五块肌肉。其中肱二头肌有两个起点，肱三头肌有三个起点。主要具有运动肩关节、肘关节的作用。

（三）前臂肌

前臂肌分化程度高，多为具有长肌腱的肌肉，分为前、后两群，每群又分浅、深两层。前群肌位于前臂前面、内侧面，主要具有屈腕、屈指和旋内前臂功能；后群肌位于前臂后面、外侧面，主要具有伸腕、伸指和外旋前臂的功能。肌肉的命名多数与位置、功能有关，见表2－3。

表2－3　前臂肌概况

名称			主要功能
前群	浅层	肱桡肌	屈前臂、保持前臂正中位
		旋前圆肌	旋内前臂
		桡侧腕屈肌	屈、内收腕关节
		掌长肌	拉紧掌腱膜
		指浅屈肌	屈腕关节、屈指关节
		尺侧腕屈肌	屈、内收腕关节
	深层	拇长屈肌	屈拇指关节
		指深屈肌	屈腕关节、屈指关节
		旋前方肌	旋内前臂

续表

名称			主要功能
后群	浅层	桡侧腕长伸肌	伸、外展腕关节
		桡侧腕长短肌	伸腕关节
		指伸肌	伸腕关节、伸指关节
		小指伸肌	伸小指关节
		尺侧腕伸肌	伸、外展腕关节
	深层	旋后肌	旋后前臂
		拇长展肌	外展拇指关节
		拇短伸肌	伸拇指关节
		拇长伸肌	伸拇指关节
		示指伸肌	伸示指关节

(四)手　肌

手肌主要位于手的掌面,均为短小的肌肉,可分为外侧群、中间群和内侧群,具有运动手指的功能。

二、上肢重要肌肉解剖学概述

(一)三角肌

三角肌位于肩关节前方、外侧与后方,羽状肌,体积较大,对人体体型影响明显。起点涉及多部位:锁骨外侧段、肩峰、肩胛冈;止点为三角肌粗隆。该肌整体在近固定时,使肩关节外展,前部纤维还使肩关节屈、水平屈和内旋,后部纤维还使肩关节伸、水平伸和外旋。该肌在肩关节外展 90 ~ 180°时,具有最大收缩力。

(二)肱二头肌

肱二头肌位于上臂前面浅层,梭形肌,从肩关节、肘关节前方跨过，典型多关节肌。长头起自盂上结节，其肌腱从关节囊内上方与外侧通过，短头起自喙突，长短头汇合形成整体，止于桡骨粗隆和前臂筋膜。近固定时，使肩关节屈、肘关节屈；远固定时，具有辅助吸气、引体向上的作用。

（三）肱　肌

肱肌位于肱二头肌深层，梭形肌，从肘关节前方跨过，典型单关节肌。起自肱骨体前面中部，止于尺骨粗隆和冠突。近固定时，屈肘关节；远固定时，拉前臂向上臂靠近，即完成引体向上动作。

（四）肱三头肌

肱三头肌位于上臂后面，三个头起点位置不同：长头起于盂下结节，内、外侧头分别起于桡神经沟的内下方与外上方，三部分合为整体，止于为尺骨鹰嘴。近固定时，长头使肩关节伸，整体肌肉使肘关节伸；远固定时，伸肘关节。

三、运动上肢三大关节、肩胛骨的肌肉

运动上肢三大关节、肩胛骨的肌肉小结见表2－4。

表2－4　运动上肢三大关节、肩胛骨的肌肉小结

关节名称	关节运动	主要肌肉
肩关节	屈	肱二头肌、三角肌前部、胸大肌
	伸	肱三头肌长头、三角肌后部、背阔肌
	内收	胸大肌、背阔肌
	外展	三角肌、冈上肌
	旋内	三角肌前部、胸大肌、背阔肌
	旋外	三角肌后部、小圆肌

续表

关节名称	关节运动	主要肌肉
肘关节	屈	肱二头肌、肱肌
	伸	肱三头肌、肘肌
	旋内	旋前圆肌、旋前方肌
	旋外	肱二头肌、旋后肌
腕关节	屈	尺侧腕屈肌、桡侧腕屈肌
	伸	尺侧腕伸肌、桡侧腕长、短伸肌
	内收	尺侧腕屈肌、尺侧腕伸肌
	外展	桡侧腕屈肌、桡侧腕长、短伸肌
肩胛骨	上提	斜方肌上部、肩胛提肌
	下降	斜方肌下部、菱形肌
	前伸	前锯肌、胸小肌
	后缩	斜方肌、菱形肌
	上回旋	斜方肌、前锯肌
	下回旋	菱形肌、肩胛提肌

第五节　下肢肌

【学习要求】

1. 掌握下列七块肌肉的位置和主要功能。

髂腰肌、臀大肌、股四头肌、股二头肌、半腱肌、半膜肌、小腿三头肌。

2. 掌握运动下肢三大关节肌肉的名称。

【学习内容】

下肢肌按部位，分为盆带肌、大腿肌、小腿肌和足肌。

一、下肢肌简介

（一）盆带肌

盆带肌起于骨盆内面的为前群，起于骨盆外面的为后群。主要包括髂腰肌、梨状肌、臀大肌、臀中肌和臀小肌。其中髂腰肌与臀大肌在体育运动中作用明显；臀中肌与臀小肌在维持人体站立姿态中起重要作用；梨状肌综合征是产生臀部、腿部疼痛的原因之一。

（二）大腿肌

大腿肌包绕股骨周围，前外侧群有 3 块肌肉，内侧群有 5 块肌肉，后群有 3 块肌肉。股四头肌与股二头肌分别有 4 个起点和 2 个起点。股二头肌、半腱肌、半膜肌又称为股后肌群，或腘绳肌。股内侧肌群 5 块肌肉的长短、大小、纤维走向差异较大。大腿肌主要具有运动髋关节和膝关节的功能。

（三）小腿肌

小腿肌包绕在胫骨、腓骨周围，前群 3 块肌肉、后群 4 块肌肉、外侧群 2 块肌肉。小腿三头肌有三个起点，在体育运动中作用明显。踇长伸肌、踇长屈肌、踇长伸肌、踇长屈肌、胫骨后肌、腓骨长肌、腓骨短肌均为羽状肌，或半羽肌，具有较大的生理横断面，发展肌肉力量的潜力较大，见表 2 –5。

表 2 –5　小腿肌概况

分类与名称		主要功能
前群	胫骨前肌	伸踝关节
	趾长伸肌	伸踝关节、伸趾关节
	踇长伸肌	伸踝关节、伸趾关节

续表

分类与名称			主要功能
后群	浅层	小腿三头肌	屈膝关节、屈踝关节
	中层	踇长屈肌	屈踝关节、屈踇趾关节
		趾长屈肌	屈踝关节、屈趾关节
	深层	胫骨后肌	使足内翻
外侧群	浅层	腓骨长肌	使足外翻
	深层	腓骨短肌	使足外翻

(四)足　肌

足肌分为足背肌与足底肌。足背两块伸趾肌,足底肌分为内侧、外侧和中间三群肌。在足背、足底和踝关节两侧有许多腱滑膜鞘,保护肌腱。

二、下肢重要肌肉解剖学概述

(一)髂腰肌

髂腰肌由腰大肌和髂肌两部分组成。腰大肌起于第 12 胸椎、第 1 ~5 腰椎体侧面和横突,为羽状肌,髂肌起于髂窝,两肌汇合形成整体,经髋关节前外侧腹股沟韧带深面至大腿,止于股骨小转子。近固定时,使髋关节屈、外旋;远固定时,单侧收缩使脊柱向同侧屈和回旋,两侧收缩使脊柱前屈、骨盆前倾。

(二)臀大肌

臀大肌是人体最厚的一块肌肉。起于髂骨外侧面及骶、尾骨后面,止于臀肌粗隆和髂胫束。近固定时,使髋关节伸、外旋,上部与下部纤维还分别使髋关节外展与内收;远固定时,一侧收缩使骨盆转向对侧,两侧收缩使骨盆后倾。臀大肌是维持人体直立姿势的重要肌肉之一。

(三)臀中肌、臀小肌

臀中肌和臀小肌位于髂骨翼外面,臀中肌后部被臀大肌遮盖,臀小肌在臀中肌深层,均为羽状肌。两块肌主要具有外展髋关节的功能,前部肌束还具有使髋关节屈、内旋的功能,后部肌束还具有使髋关节伸、外旋的功能。臀中肌与臀小肌是走步、站立时保持良好姿势的重要肌肉。

(四)股四头肌

股四头肌是体积最大的肌肉,为羽状肌。该肌有四个起点:股直肌起于髂前下棘,股内侧肌起于股骨粗线内侧唇,股外侧肌起于股骨粗线外侧唇,股中间肌起于股骨体的前面中部。四个头汇合形成整体,向下延续为强有力的肌腱,包绕髌骨(有纤维伸入髌骨,起着固定的作用),形成髌韧带,止于胫骨粗隆。近固定时,伸膝关节,仅股直肌具有屈髋关节作用;远固定时,大腿在膝关节处伸,维持人体直立状态。股四头肌在运动中容易出现主动不足与被动不足的现象。

(五)股二头肌

股二头肌位于大腿后部外侧,梭形肌,长头起于坐骨结节,短头起于股骨粗线外侧唇下部,两部分合二为一,止于腓骨头。近固定时,长头使髋关节伸、膝关节屈和外旋;远固定时,使骨盆后倾。股二头肌在运动中容易出现主动不足与被动不足的现象。

(六)半腱肌与半膜肌

半腱肌与半膜肌位于大腿后部内侧,半腱肌在浅层,半膜肌在深层,均为羽状肌。从结构上看,前者上半部为肌腹,下半部为肌腱,后者上、下部为腱膜,中部为肌腹。两块肌肉均起于坐骨结节,止于胫骨内侧髁内侧面。近固定时，使髋关节伸、膝关节屈与内旋；远固定时，使骨盆后倾。半腱肌与半膜肌在运动中容易出现主动不足与被动不足的现象。

（七）小腿三头肌

小腿三头肌由腓肠肌内侧头、腓肠肌外侧头与比目鱼肌构成。腓肠肌内、外侧头位于浅层，分别起于股骨内、外侧髁，比目鱼肌在腓肠肌深面，起于胫骨、腓骨上端的后面。三部分向下移行为跟腱，止于跟结节。近固定时，使膝关节屈、踝关节跖屈；远固定时，使小腿在踝关节处屈，维持人体直立。

三、运动下肢三大关节的肌肉

运动下肢三大关节的肌肉小结见表2－6。

表2－6 运动下肢三大关节肌肉小结

关节名称	关节运动	主要肌肉
髋关节	屈	股直肌、髂腰肌
	伸	臀大肌、股二头肌、半腱肌、半膜肌
	内收	大腿内收肌群
	外展	臀大肌、梨状肌
	旋内	臀中肌、臀小肌前部
	旋外	髂腰肌、臀大肌
膝关节	屈	股二头肌、半腱肌、半膜肌
	伸	股四头肌
	旋内	缝匠肌、腓肠肌内侧头
	旋外	股二头肌、腓肠肌外侧头

续表

关节名称	关节运动	主要肌肉
踝关节	屈(跖屈)	小腿三头肌、胫骨后肌
	伸(背屈)	胫骨前肌、趾长伸肌
	内翻	胫骨前肌、胫骨后肌
	外翻	腓骨长肌、腓骨短肌

【学习方法】

1. 肌肉构造

从器官角度,肌肉无论大小、发达程度,均包括肌腹、肌腱(或腱膜)、血管、淋巴管、神经等部分。首先把握这些部分的名称,再对各部分细节内容加以学习,并注意这些结构之间的关系。

2. 肌肉的物理特性

肌肉的物理特性与人体的柔韧素质、改善肌肉发力条件、避免运动损伤等有关。结合运动中柔韧训练、生活中橡皮筋特性,理解记忆肌肉的伸展性与弹性;结合运动前准备活动理解记忆肌肉的黏滞性。

3. 肌肉功能常用术语

学习肌肉起止点,有助于理解肌肉与骨的关系;学习肌肉动定点与固定状态,有助于理解不同体育动作的肌肉工作条件;学习肌拉力线与关节运动轴关系,有助于理解肌肉的多种功能以及功能变化。

4. 肌肉的特征

上肢肌数量多,体积小,主要完成较精细的动作;下肢肌数量少,体积大,主要完成走、跑、跳等较大强度的运动;躯干肌宽大扁薄、附着部位涉及较多。

5. 肌肉的命名

人体肌肉的命名一般均综合其附着点数目、位置、结构、功能等诸多因素。如三角肌、梨状肌、斜方肌等是根据肌肉的形状命名;胸大肌、背阔肌等是根据肌肉的位置及形状命名;肱二头肌、肱三头肌、股四头肌、股二头肌、小腿三头肌等是根据肌肉起点数与位置命名;喙肱肌、髂腰肌等是根据肌肉附着部位命名;半腱肌、半膜肌等是根据肌肉的结构命名。

6. 肌肉的功能

学习躯干肌的功能时,参考表 2－2,配合《运动解剖学》教材中配图,可以采取对比学习,如胸大肌与背阔肌的功能对比;腹直肌、腹外斜肌、腹内斜肌的功能对比;斜方肌与竖脊肌的功能对比。学习上肢肌的功能时,先将上臂运动转换为肩关节运动,前臂运动转换为肘关节运动,手运动转换为腕关节的运动,再参考表 2－4,配合《运动解剖学》教材中配图,学习记忆。学习下肢肌的功能时,先将大腿运动转换为髋关节运动,小腿运动转换为膝关节运动,足的运动转换为踝关节的运动。参考表 2－6,配合《运动解剖学》教材中配图,学习记忆。

7. 肌肉的工作条件

肌肉的工作条件即为肌肉的固定状况。上肢肌与下肢肌的工作条件可以采用近固定、远固定;躯干肌中的胸肌与背部浅层肌的工作条件可以采用近固定、远固定,但腹肌、背部深层肌的工作条件则采用上固定、下固定。

8. 运动肩胛骨的肌肉

虽然运动肩胛骨的肌肉多数为躯干肌,但归纳在上肢肌小结的表中。

【应用知识】

1. 红肌与白肌

根据肌纤维中所含成分不同,肌纤维分为红肌与白肌,前者肌原纤维少、肌红蛋白多,颜色发红,收缩速度较慢、爆发力不强,持久力较好;后者肌原纤维多、肌红蛋白少,颜色发白,收缩速度快而有力,爆发力强,但持久力较差。

2. 拉(压)韧带

发展柔韧素质时,习惯说法为拉(压)韧带。这里的“韧带”主要是指肌肉,因为肌肉的伸展性是柔韧素质的解剖学基础,而韧带属于致密结缔组织,伸展性十分有限。在运动中,通过一定的拉伸训练能使肌肉的伸展性得到发展,从而使柔韧素质得到提高。

3. 肌肉酸痛

肌肉收缩后出现血管痉挛、乳酸与发炎物质堆积可以引起肌肉酸痛。若支配肌肉的神经兴奋不已,还可导致血管痉挛无法缓解,制造出更多的代谢产物,并不能通过血液循环带走。如此恶性循环最终使得肌肉收缩及代谢功能变差,身体就会出现酸、痛、胀、麻等不适。

4. 肌肉拉伤

肌肉主动强烈的收缩或被动过度的拉长所造成的肌肉微细损伤、肌肉部分撕裂或完全断裂,称为肌肉拉伤。在体育运动中,如准备活动不充分、肌肉的弹性和力量较差、疲劳或过度负荷,使肌肉的机能下降,力量减弱,协调性降低、错误的技术动作或运动时注意力不集中、场地或器械的质量不良等均可以造成肌肉的拉伤。肌肉拉伤后的主要症状有拉伤部位剧痛,用手可摸到肌肉紧张形成的索条状硬块,触痛明显,局部肿胀或皮下出血,活动明显受到限制。

5. 热身运动

肌肉的黏滞性与体温有一定关系,适当升高体温,能减小肌肉的黏滞性,故运动前做好准备活动,让身体温度得到一定升高,即热身运动,能起到减小肌肉黏滞性,防止发生肌肉运动性损伤的作用。

6. 重症肌无力

重症肌无力是一种因胸腺素分泌过多,使神经轴突末梢的乙酰胆碱产生减少而引起的神经肌肉传递障碍的疾病。临床主要特征是局部或全身骨骼肌在活动时易于疲劳无力,经休息或用抗胆碱酯酶药物后可以缓解。该疾病也可表现在心肌与平滑肌,表现出相应的心脏与内脏症状。

7. 腱鞘炎

腱鞘炎包裹肌腱的腱鞘发炎，多因外伤或过度劳累所致。病变常发生在手指和腕部桡侧的腱鞘，局限性疼痛，起病缓慢，逐渐加重，拇指无力，伸拇受限；腕部若向尺侧方向运动则疼痛加重。

8. 体育锻炼对肌肉的影响

在形态方面主要有肌肉体积增加，围度增大；在结构方面主要有肌原纤维数量增加，线粒体数量、形态结构变化明显的变化；在血供方面主要有毛细血管数量增加，迂曲行程明显增加，分支吻合丰富，单位开放能力增强的变化；在化学成分方面主要有肌糖原、肌球蛋白、肌动蛋白、肌红蛋白、水分等含量增加，提高肌肉的收缩能力的变化。

9. 翼状肩

双臂抬起不过肩，肩胛骨呈翼状耸起，称翼状肩。主要是由于前锯肌瘫痪，导致不能拉肩胛骨向前，并紧贴胸廓，而斜方肌作用相对加强，导致"翼状肩"状态。

10. 网球肘

网球肘也称肱骨外上髁炎。肱骨外上髁是前臂多块伸肌肌腱附着处，因长期的肌肉收缩牵拉，导致慢性损伤性炎症发生，患者在用力抓握或提举物体时感到患部疼痛。因最初是网球运动员发现此种损伤，故俗称网球肘。

11. 肩周炎

肩周炎常由拉伤、扭伤或慢性劳损引起，主要病变为肩关节周围软组织变性伴有创伤性炎性改变。临床表现为肩痛和肩关节功能障碍，完全不能动者称为凝肩或冻结肩。五十岁左右的人易患此症，故又有"五十肩"之称。

12. 梨状肌综合征

在下肢处于外展、外旋或蹲位变为直立时，梨状肌被拉长或过度牵张容易产生损伤。由于该肌与坐骨神经位置关系密切，肌肉的损伤容易导致压迫神经，出现腰腿疼痛，称为梨状肌综合征。

13. 腱周炎与跟腱断裂

腱周炎是指跟腱腱纤维组织、腱周围及其跟腱下滑囊的创伤性炎症,多因踝关节活动过多,跟腱产生急性劳损性牵拉所致。主要有疼痛、充血、水肿等症状。小腿三头肌受间接暴力的猛烈牵拉,使踝关节由背伸位突然变为跖屈可能引起跟腱断裂。发生时常听到断裂的响声,立刻出现跟部疼痛、肿胀、瘀斑、行走无力、不能提踵等症状。

14. 肌内注射部位

肌内注射是一种常用的药物注射治疗方法,指将药液通过注射器注入肌肉组织内,达到治病的目的。肌内注射最常用的注射部位为臀大肌,其次为臀中肌、臀小肌及三角肌。

15. 腰背筋膜炎

腰背筋膜是由纵行的结缔组织纤维编织而成的,覆盖在腰背肌上,有保护肌肉及加强对腰部的支持作用。在寒冷、潮湿、慢性劳损、精神长期处于紧张状态等因素作用下,可导致腰背部筋膜及肌肉产生充血、肿胀及纤维化改变,并相应出现弥漫性疼痛、局部可触及结节状或条索状改变等临床表现。

16. 疝气

疝气是腹内脏器由正常位置经腹壁上的孔道或薄弱点突出而形成的包块。一般是咳嗽、便秘、重体力劳动、排尿困难等因素引起腹腔压力突然增高冲破疝环腹膜所致。常见的有直疝、斜疝、股疝、脐疝、白线疝、嵌顿疝、绞窄疝、切口疝等。一般站立时突出,仰卧后消失,按压即可回入腹腔。但嵌顿疝、绞窄疝则有疼痛感且很难推回腹腔。小肠疝若任其发展极易发生粘连和嵌顿,因此应及早接受治疗。

17. 常见训练上肢肌、下肢肌与躯干肌力量、伸展性的体育动作

见表 2-7、表 2-8、表 2-9。

表 2－7　常见训练上肢肌力量、伸展性的体育动作

肌肉名称	力量训练	伸展性训练
三角肌 三角肌前部 三角肌后部	倒立十字支撑、负重直臂侧举 哑铃前平举、卧推杠铃 飞鸟展翅(屈体 90°)	胸前十字交叉抱臂
冈上肌、冈下肌、 小圆肌、大圆肌、 肩胛下肌	倒立十字支撑、负重直臂侧举 哑铃前平举、卧推杠铃 飞鸟展翅(屈体 90°)	胸前十字交叉抱臂
肱二头肌、肱肌	负重弯举、引体向上、爬绳、爬杆	双臂后伸压肩
肱三头肌	掷实心球、俯卧撑、卧推杠铃 双杠支撑摆动臂屈伸	扶杆压肩、 双人压肩
前臂屈肌群	反缠重锤(手心向前)	立掌伸腕关节
前臂伸肌群	正缠重锤(手心向后)	勾手屈腕关节

表 2－8　常见训练下肢肌力量、伸展性的体育动作

肌肉名称	力量练习	伸展性练习
髂腰肌	正踢腿、负重高抬腿跑、悬垂 举腿、仰卧起坐、仰卧剪腿	后踢腿、跪撑后倒
臀大肌	后踢腿、俯卧背腿、蛙跳 负重腿屈伸、后蹬跑、杠铃前弓步	直腿体前屈、正压腿 纵劈叉、仰卧举腿
臀中肌、臀小肌	侧踢腿、侧控腿、站姿或 仰卧位负重髋关节外展	交叉腿下蹲(盘腿)
股四头肌	杠铃前弓步、负重深蹲 多级跨跳、立定跳远	跪撑后仰、后摆腿
缝匠肌	仰卧举腿、悬垂举腿	跪撑后倒、纵劈叉
阔筋膜张肌	大腿侧举、多级跨跳、后蹬跑	

续表

肌肉名称	力量练习	伸展性练习
股二头肌、半腱 肌、半膜肌	多级跨跳、后蹬 跑、俯卧背腿	正压腿、纵劈叉 直腿体前屈、 仰卧抬腿
耻骨肌、大收肌、 股薄肌 长收肌、短收肌	侧卧大腿内收、 仰卧剪腿 夹球大腿内收	横劈叉、侧压腿
胫骨前肌、趾长伸肌 踇长伸肌	负重勾脚、 对抗勾脚	蹦脚尖正压腿
小腿三头肌、趾长屈肌 踇长屈肌、胫骨后肌	负重屈小腿、 负重深蹲起、提踵 多级跨跳、跳绳、纵跳摸高	勾脚尖正压腿

表 2－9　常见训练主要躯干肌力量、伸展性的体育动作

肌肉名称	力量练习方法	伸展性练习方法
斜方肌、菱形肌	负重扩胸、提铃耸肩 拉弹簧扩胸	胸前十字交叉抱臂
背阔肌	负重扩胸、引体向上	单臂上举对侧弯
竖脊肌	俯卧两头起、负重体屈伸 俯卧背腿、向后抛铅球	直腿体前屈、 仰卧前俯身
胸大肌、胸小肌	引体向上、俯卧撑、冲拳 双杠屈臂撑、卧推	扩胸、振臂 握体操棍转肩
前锯肌	俯卧撑、双杠屈臂撑、马步冲拳 投掷鞭打动作、卧推	胸前十字交叉抱臂
膈肌	深呼吸、气沉丹田	—
腹直肌	悬垂举腿、仰卧起坐 仰卧举腿、仰卧两头起	跪撑后倒、体操下桥
腹外斜肌、腹内斜肌	仰卧起坐、仰卧举腿、对侧团身 负重转体、抱头体侧屈	跪撑后倒、体操 下桥、体侧屈

第三章　体育动作解剖学分析

【学习要求】

1. 掌握用表格法进行常见体育动作的解剖学分析。

2. 熟悉环节受力分析法的主要内容。

【学习内容】

第一节　体育动作解剖学分析的内容、步骤与方法

一、体育动作分析的内容与目的

(一)体育动作分析的内容

探讨体育动作完成过程中,人体骨、关节、肌肉在完成体育动作或保持某种动作姿势时的机械运动规律。

(二)体育动作分析的目的

1. 了解动作过程中关节运动的特点、幅度与参与工作的运动肌群及工作特征。

2. 为科学地、有针对性地发展肌肉的力量与柔韧性提供运动解剖学的理论指导。

3. 为评价、鉴别体育动作技术的合理性、科学性,改进体育教学与专项运动训练,提高运动技术水平提供解剖学依据。

二、动作分析步骤与方法

在众多的体育项目中，体育动作虽然千姿百态、千变万化，数不胜数，但是根据肌肉工作特征，可以将体育动作分为动力性动作与静力性动作两大类。

（一）动力性动作的分析步骤与方法

1. 动作阶段的划分与动作描述

划分动作阶段的方法主要有两个：其一，根据体育动作规律划分；其二，根据动作过程中关节运动状态划分。如从技术上分析，俯卧撑动作可划分为“撑起”与“下降”两个阶段；从关节运动状态分析，俯卧撑动作中肩关节有屈、伸两个阶段。

（1）适用于体育专业学生与体育专业工作者的方法　按照体育动作的专项理论与技术，依据组成动作的几个部分或动作结构划分动作阶段。

（2）适用于非体育专业人员的方法　按照关节运动状态的变化划分动作阶段。

2. 各动作阶段的关节运动及其原动肌分析

该部分是体育动作解剖学分析的主要部分，可采用文字描述与列表两种形式。运用表格形式将分析的具体内容展示出来较为简明扼要，便于分析与掌握。主要包括关节运动、原动肌分析两个方面。

（1）关节运动　在动作分析中准确描述关节的运动，对确定原动肌十分重要。该内容是指参与动作时的关节名称及其运动形式。

①关节名称：在进行动作分析时，上肢动作主要分析肩胛骨（代表肩带）、肩关节、肘关节、腕关节的运动形式；下肢动作主要分析髋关节、膝关节、踝关节的运动形式；躯干动作主要分析脊柱、骨盆的运动形式。

②运动形式：在动作过程中四肢部分的关节运动形式主要有屈、伸、外展、内收、旋内、旋外、水平屈、水平伸、上回旋、下回旋、前

伸、后缩、上提、下降；脊柱的运动形式有屈、伸、侧屈、回旋；骨盆的运动形式有前倾、后倾、前后、上下运动等。

(2)原动肌　该分析内容包括指出完成动作时起主要作用的肌肉或肌群的名称、肌肉的工作条件与工作性质。

①原动肌名称：对于多数体育动作来说，均能够直接运用表2－2、表2－4、表2－6的内容确定，但对具有“缓冲”“控制”“减速”等类型体育动作，需要先用环节受力分析法确定原动肌的位置，再根据表2－2、表2－4、表2－6的内容，指出原动肌名称。

②工作条件：在完成动作时，上肢肌与下肢肌收缩牵拉远端附着点产生较大幅度的运动，即为近固定，反之为远固定。如“前臂弯举”时，肱二头肌收缩，使肘关节屈，该肌起点移动幅度较小，止点移动幅度较大，为近固定；“负重深蹲”时，股四头肌收缩，使膝关节伸，该肌止点移动幅度较小，为远固定。躯干肌收缩牵拉远离身体中线部分附着点产生较大幅度的运动，也为近固定，反之为远固定；若躯干肌收缩牵拉靠近足部产生较大幅度的运动，为上固定，反之为下固定。在腾空状态下，腹部或背部的部分肌肉起点与止点移动幅度相差不大(完成相向运动)，则为无固定。“肋木悬垂举腿”时，腹直肌起点部分移动幅度小为上固定；“挺身式跳远”空中的收腹动作腹直肌收缩，起点与止点相向运动，移动幅度相差不明显为无固定。

③工作性质：指完成体育动作时原动肌的收缩状况。肌肉收缩如果长度变短为克制(向心)工作；长度变长为退让(离心)工作；长度无变化为静力性工作。

上述动作分析的内容可以用表格的形式表达，见表3－1。

表3－1　体育动作解剖学分析表

关节		原动肌		
名称	运动	名称	工作条件	工作性质

3. 小结与建议

在体育动作完成过程中,针对关节运动的特点与幅度,原动肌的工作条件与特征,对不同动作的分析讨论与建议可有所侧重。

(1)专项动作　应侧重技术性评价与建议,指出完成动作的关键部分及易出现的错误动作,以及改进动作技术的方法与建议。

(2)辅助性练习动作　应侧重于练习作用与效果的评价,指出该练习动作对发展某部肌群所产生的作用与效果,以及辅助性练习对改进某技术动作结构的效果。

(二)静力性动作的分析步骤与方法

静力性动作的分析包括下面三个步骤。

1. 描述动作姿势

结合动作要领与要求,使用关节运动术语描述维持动作姿势的过程中人体各环节所处的状态。例如,“燕式平衡”动作中,大腿后伸保持在髋关节伸位的状态。

2. 分析维持动作姿势的原动肌

根据在外力矩作用下人体环节产生运动的趋势来确定原动肌。原动肌收缩产生的肌力矩用来对抗外力矩,以维持动作姿势。例如,“燕式平衡”动作,大腿在髋关节处保持伸位,而重力的作用是使大腿在髋关节处产生屈(下落)的趋势,配布在髋关节的伸肌群作为原动肌,在近固定条件下,完成支持工作,以维持动作姿势。

三、环节受力分析法——确定原动肌位置的方法

(一)运动环节

运动环节指人体中绕关节运动轴转动的一段肢体或者一块骨,简称环节。如前臂、大腿、肩胛骨均为运动环节。

（二）环节受力

环节受力指环节在运动中受到内力与外力的共同作用。外力主要指重力，其方向垂直向下。内力主要指原动肌，根据动作分析要求需要确定其名称与位置。

（三）环节运动方向

在进行动作分析时，观察环节的运动方向，并与环节所受外力方向进行对比分析。在具体分析过程中，还需要将环节运动方向转换为关节运动形式，才能确定原动肌的位置与名称。

（四）确定原动肌的位置

首先分析运动中环节运动方向与外力方向的关系，确定原动肌的位置，再根据表 2－2、表 2－4、表 2－6 的内容，指出原动肌的名称。在完成体育动作中环节运动方向与外力方向主要三种关系。

1. 环节运动方向与外力方向相反

在此关系时，则如果遇环节运动方向与外力方向为相反的情况，原动肌在环节运动方向的同侧，转换为关节运动形式后，原动肌就在关节运动形式的同侧。如关节完成屈运动，原动肌为屈肌，关节完成伸运动，原动肌为伸肌，余类推。

2. 环节运动方向与外力方向相同，环节运动速度加快

在此关系时，原动肌在环节运动方向的同侧，转换为关节运动形式后，原动肌就在关节运动形式的同侧。如关节完成屈运动，原动肌为屈肌，关节完成伸运动，原动肌为伸肌，余类推。

3. 环节运动方向与外力方向相同，环节运动速度减慢

在此关系时，原动肌在环节运动方向的反侧，转换为关节运动形式后，原动肌在关节运动形式的对侧。如关节完成屈运动，原动肌为伸肌，关节完成伸运动，原动肌为屈肌，余类推。

（五）指出原动肌名称

采用在环节受力分析法确定了原动肌位置后，根据表 2－2、

表2－4、表2－6的内容，指出原动肌的名称。

第二节　体育动作解剖学分析实例

在体育运动实践中，无论是从事体育专业工作，还是锻炼身体，对不同的体育动作不仅应知其然，还应知其所以然才能真正满足实际需要。选用来进行动作分析的实例范围有体质健康的测试指标、发展肌力与伸展性的练习、动力性动作与静力性动作，以及深受人们喜爱的健身、休闲运动的动作，简明分析其动作步骤与方法（均采用表格法），为在运动实践中的应用提供参照。

一、"坐位体前屈"动作

"坐位体前屈"动作既是发展柔韧素质的练习动作，也是监测人体健康的一项指标。

（一）动作描述

从坐位开始，人体以髋关节为支点前屈，双臂抱膝，胸部贴近大腿。

（二）关节运动及原动肌分析

"坐位体前屈"动作主要参与的运动环节有脊柱、骨盆、髋关节，见表3－2。

表3－2　"坐位体前屈"解剖学分析

关节		原动肌		
名称	运动	名称	工作条件	工作性质
脊柱	屈	腹直肌、腹外斜肌、腹内斜肌	下固定	向心工作
骨盆	前倾	股直肌、髂腰肌	远固定	向心工作
髋关节	屈	股直肌、髂腰肌	远固定	向心工作

（三）小结与建议

1. 小结

该动作主要可发展脊柱、骨盆与大腿后部软组织，如竖脊肌、臀大肌与股后肌群及后纵韧带、黄韧带、棘间韧带与棘上韧带等柔韧性。

2. 建议

股后肌群是人体中紧张度很高的肌群，其伸展性能够反映人体柔韧素质，故该动作能够作为一项监测人体柔韧素质的指标。

二、"俯卧撑"动作

"俯卧撑"动作是一项发展上肢肌力量为主的力量练习，也常用来监测女性健康。

（一）动作阶段划分与描述

从双臂支撑，身体直立状态开始，身体随着上肢屈伸上下运动，上肢动作分为下俯与推起两个动作阶段。

（二）关节运动及原动肌分析

在整个动作过程中，躯干腹侧部的腹肌、髂腰肌等完成支持工作，防止身体下塌成反弓；下俯与推起动作阶段的解剖学分析，见表3－3、表3－4。

表3－3　"俯卧撑"下俯阶段上肢动作解剖学分析

关节		原动肌		
名称	运动	名称	工作条件	工作性质
肩胛骨	后缩	前锯肌、胸小肌	近固定	离心工作
肩关节	伸	胸大肌、肱二头肌	远固定	离心工作
肘关节	屈	肱三头肌	远固定	离心工作
腕关节	伸	前臂屈肌群	远固定	离心工作

表 3－4 “俯卧撑”推起阶段上肢动作解剖学分析

关节		原动肌		
名称	运动	名称	工作条件	工作性质
肩胛骨	前伸	前锯肌、胸小肌	远固定	向心工作
肩关节	屈	胸大肌、肱二头肌	远固定	向心工作
肘关节	伸	肱三头肌	远固定	向心工作
腕关节	屈(趋势)	前臂屈肌群	远固定	向心工作

(三)小结与建议

1. 小结

该动作既可以发展使肩胛骨前伸、肩关节屈、肘关节伸、腕关节屈等肌群向心收缩的力量,也可以发展这些肌群的离心收缩力量。此外,由于在整个动作过程中身体均须保持伸直状态,还可训练腹直肌、腹内斜肌、腹外斜肌、竖脊肌、股四头肌、小腿三头肌等肌肉的静力性力量。

2. 建议

可以根据练习者的上肢力量强弱情况,通过调整手与脚位置、改变动作形式调整训练难度。

三、“立定跳远”动作

(一)动作阶段划分与描述

根据“立定跳远”的技术动作可以分为下蹲、蹬地、腾空、落地缓冲四个动作阶段。

(二)关节运动与原动肌分析

以起跳阶段下肢动作为例进行解剖学分析,见表 3－5。

表 3－5 “立定跳远”起跳阶段下肢动作解剖学分析

关节		原动肌		
名称	运动	名称	工作条件	工作性质
髋关节	伸	臀大肌、股二头肌、半腱肌、半膜肌	远固定	向心工作
膝关节	伸	股四头肌	远固定	向心工作
踝关节	屈	小腿三头肌	远固定	向心工作

(三)小结与建议

1. 小结

下蹲动作导致下肢各关节快速屈曲，能将参与起跳动作的原动肌力以弹性势能的形式储存起来，在起跳时得以释放，增加起跳高度。另外，由于起跳时两臂上摆使肋上提，可增大吸气的深度和胸廓活动的幅度；腾空时呼吸屏住，着地后呼气，有利于增强心血管的功能，故对呼吸系统和心血管系统也具有一定的锻炼价值。

2. 建议

由于该动作对下肢肌群爆发力要求高，可以作为发展与测评下肢弹跳力的动作之一。

四、“正足背踢足球”动作

(一)动作阶段划分与描述

“正足背踢足球”是足球射门与传球的基本技术动作，该动作从原地或跑动中单腿支撑开始，以双臂协调配合维持身体平衡，当球落于重心稍前方时，击球腿先后摆，然后前摆。

(二)关节运动与原动肌分析

以摆动腿的前摆为例进行下肢动作解剖学分析，见表 3－6。

表 3－6　“正足背踢足球”前摆阶段下肢动作解剖学分析

关节		原动肌		
名称	运动	名称	工作条件	工作性质
髋关节	屈	髂腰肌、股直肌	近固定	向心工作
膝关节	伸	股四头肌	近固定	向心工作
踝关节	屈	小腿三头肌	近固定	向心工作

（三）小结与建议

1. 小结

前摆击球的原动肌初长度可以通过击球前的后摆动作得到增大，从而增加击球的力量。在摆动腿运动过程中，股后肌群作为多关节肌，能有效地使前摆时屈髋伸膝、后摆时伸髋屈膝更为连贯顺达，有利于形成快而有力的鞭打式踢球动作。

2. 建议

加强髂腰肌、股四头肌等屈髋、伸膝肌群的爆发力训练，可增大踢球的力量。在触球前，足背应尽量绷紧，既可以减少动能的消耗，又可以防止足的损伤。

五、“羽毛球正手击高球”动作

羽毛球既是我国竞技体育优势项目，又是一项普及度较高的大众体育运动。

（一）动作阶段的划分与描述

从“羽毛球正手击高球”持拍手动作看，可以分为举拍后引、上引、挥拍击球三个阶段。

（二）关节运动与原动肌分析

以持拍手的挥拍击球为例进行上肢动作的解剖学分析，见表

3－7。

表3－7 “挥拍击球”上肢动作的解剖学分析

关节		原动肌		
名称	运动	名称	工作条件	工作性质
肩胛骨	前伸	前锯肌、胸小肌	近固定	向心收缩
肩关节	伸	背阔肌、肱三头肌长头	近固定	向心工作
肘关节	伸	肱三头肌	近固定	向心工作
腕关节	屈	前臂屈肌群	近固定	向心工作

(三)小结与建议

1. 小结

击球动作是以上肢的大关节带动小关节,形成鞭打式运动。在此过程中虽然以上肢参与运动的各肌群快速有力收缩为动力,但是对全身肌肉的协调配合要求也很高。

2. 建议

由于羽毛球运动趣味性较强,运动量可控,经常练习能够促进人体灵敏、协调、速度、心肺功能等身体素质与生理功能全面发展、增强体质健康水平的运动,故适合在普通人群中推广。

六、“保龄球投球”动作

保龄球是一项时尚休闲体育项目,爱好者众多。

(一)动作阶段的划分与描述

根据“保龄球投球”的技术动作,持球手动作可分为推球、下摆、后摆、前摆四个阶段。

(二)关节运动与原动肌分析

以“持球手”前摆阶段上肢动作为例,进行解剖学分析,见表

3－8。

表3－8　持球手前摆阶段上肢动作解剖学分析

关节		原动肌		
名称	运动	名称	工作条件	工作性质
肩胛骨	前伸	前锯肌、胸小肌	近固定	向心工作
肩关节	屈	胸大肌、肱二头肌	近固定	向心工作
肘关节	伸	肱三头肌	近固定	向心工作
腕关节	伸	前臂肌群	近固定	静力性工作

（三）小结与建议

1. 小结

保龄球投球动作的关键技术是持球臂以肩为轴，沿着钟摆的轨迹进行运动，强调上体不能摆动、两肩平稳正对投球方向、保持直臂不能屈肘屈腕，摆动流畅而不能用力过猛。

2. 建议

注意放球后的随球动作要充分。

七、“高尔夫挥杆”动作

绿色、氧气、阳光、步履四个词的英文第一个字母构成了“高尔夫”（GOLF），表明这是一项集文明、优雅、浪漫、休闲与健身为一体的运动。

（一）动作阶段划分与描述

直挥式“挥杆击球”是高尔夫运动的基本技术动作，从双手握杆直立开始，该动作可以分为后摆杆、上挥杆、下挥杆与结束动作四个阶段。

(二)关节运动与原动肌分析

以上挥杆阶段为例进行右、左上肢动作解剖学分析,见表3-9、表3-10。

表3-9 “上挥杆”阶段右上肢动作解剖学分析

关节		原动肌		
名称	运动	名称	工作条件	工作性质
肩胛骨	后缩	斜方肌、菱形肌	近固定	向心工作
肩关节	外展	三角肌、冈上肌	近固定	向心工作
肘关节	伸	肱三头肌 肱二头肌	近固定	固定工作
腕关节	伸	前臂桡侧屈、伸肌群 前臂尺侧屈、伸肌群	近固定	固定工作

表3-10 “上挥杆”阶段左上肢动作解剖学分析

关节		原动肌		
名称	运动	名称	工作条件	工作性质
肩胛骨	前伸	前锯肌、胸小肌	近固定	向心工作
肩关节	内收	胸大肌、背阔肌	近固定	向心工作
肘关节	伸	肱三头肌 肱二头肌	近固定	固定工作
腕关节	伸	前臂桡侧屈、伸肌群 前臂尺侧屈、伸肌群	近固定	固定工作

(三)小结与建议

1. 小结

直挥式“挥杆击球”动作的特点是挥杆顶点高、幅度大,挥杆面更接近于直立，冲击球强而有力，球飞得远。该动作要求人体保持绕纵轴（脊柱）旋转时头、肩、腰、膝的动作姿势与挥杆的轨迹相一致，强调以钟摆式动作完成击球。

2. 建议

高尔夫运动是可以在人生各阶段从事的健身、健心的休闲娱乐项目。

八、"燕式平衡"动作

"燕式平衡"动作在很多体育项目中可见。

（一）动作姿势描述

"燕式平衡"属于静力性动作，形成动作姿势后需保持 2 ~ 3 秒，要求上体与非支撑腿超过臀部形成反弓姿势，两臂侧举，单腿支撑并保持身体平衡。该动作可分为支撑腿、非支撑腿、躯干和上肢等部分进行分析。

（二）维持动作姿势的原动肌分析

1. 支撑腿

支撑腿姿势解剖学分析见表 3 - 11。

表 3 - 11 "燕式平衡"支撑腿姿势解剖学分析

关节		原动肌		
名称	运动	名称	工作条件	工作性质
髋关节	屈	臀大肌、股二头肌 半腱肌、半膜肌	远固定	支持工作
膝关节	伸	股四头肌	远固定	固定工作
踝关节	背屈	小腿三头肌	远固定	固定工作

2. 非支撑腿

非支撑腿姿势解剖学分析见表 3 - 12。

表 3－12　“燕式平衡”非支撑腿姿势解剖学分析

关节		原动肌		
名称	运动	名称	工作条件	工作性质
髋关节	外展	臀大肌、股二头肌 半腱肌、半膜肌	近固定	支持工作
膝关节	伸	股四头肌	近固定	固定工作
踝关节	跖屈	小腿三头肌	近固定	支持工作

3. 躯干

躯干姿势解剖学分析见表 3－13。

表 3－13　“燕式平衡”躯干姿势解剖学分析

关节		原动肌		
名称	运动	名称	工作条件	工作性质
脊柱	伸	竖脊肌、颈夹肌	下固定	支持工作
骨盆	前倾	臀大肌、股二头肌 半腱肌、半膜肌	远固定	支持工作

4. 双侧上肢

双侧上肢姿势解剖学分析见表 3－14。

表 3－14　“燕式平衡”双侧上肢姿势解剖学分析

关节		原动肌		
名称	运动	名称	工作条件	工作性质
肩胛骨	后缩	斜方肌、菱形肌	近固定	支持工作
肩关节	外展	三角肌、冈上肌	近固定	支持工作
肘关节	伸	肱三头肌、肘肌	近固定	支持工作
腕关节	伸	前臂伸肌群	近固定	支持工作

(三)小结与建议

1. 小结

在“燕式平衡”动作中,身体形成四个向下倾倒的重力矩,由于上体产生的重力矩较大,身体易向前倾倒破坏平衡,完成动作时支撑腿的骨盆应后移(重心后移),有利保持身体平衡。

2. 建议

在“燕式平衡”动作中,原动肌始终完成的是静力性工作,由于躯干、头及手部和左腿的重力矩较大,容易导致两髋关节伸肌工作强度大、易疲劳,应加强其力量训练。

【学习方法】

1. 肌肉工作术语

应注意肌肉工作的可变性。如同一块肌肉在某个动作时是原动肌,但在另一个动作中则是拮抗肌。又如在完成不同动作时,同一块肌肉可以完成不同收缩,其变化的主要标志是观察肌肉长度的变化。

2. 多关节肌工作特点

多关节肌作为原动肌时,一般是先运动大关节,后运动小关节。由于跨过的关节多则会出现力量分散,感觉力量不够;多关节肌作为拮抗肌时,先在大关节处被拉长,后在小关节处被拉长,由于跨过的关节多,在各关节处都被拉长,会出现肌肉长度不够,感觉柔韧性较差。

3. 环节受力分析法

首先要确定参与运动的环节名称及环节运动方向,并分析环节运动方向与外力(主要是重力)方向的关系,然后转换为关节运动形式,确定原动肌在关节的位置,最后还需结合《运动解剖学》教材中肌肉功能小结的内容才能指出原动肌名称。

4. 动作分析表格法

在运用表格法进行动作分析时,应注意把握“栏目内容是基础，关节运动是关键，原动肌的名称、工作条件与工作[illegible]点”的原则。分析时，首先将人体分为上肢、躯干、下[illegible]后分析该动作各部分在运动时关节名称与运动、原动肌名称、原动肌工作条件、原动肌工作性质。一般分析的顺序为先描述人体主要运动部分，后描述次要运动部分。

【应用知识】

1.“双手胸前传球”出手阶段解剖学分析

（1）准备阶段　双手握球，保持肩胛骨后缩、伸肩、屈肘、伸腕状态。

（2）动作阶段　见表 3 – 15。

表 3 – 15　“双手胸前传球”传球阶段上肢动作解剖学分析

关节		原动肌		
名称	运动	名称	工作条件	工作性质
肩胛骨	前伸	胸小肌、前锯肌	近固定	向心工作
肩关节	水平屈	胸大肌、三角肌前部	近固定	向心工作
肘关节	伸	肱三头肌、肘肌	近固定	向心工作
腕关节	屈	前臂屈肌群	近固定	向心工作

（3）小结与建议

①小结：在完成距离较远的传球动作时，需要较多的大肌肉参加工作，如前锯肌、胸大肌、三角肌、肱三头肌；在完成距离较近的传球动作时，主要由前臂众多的较小肌肉收缩完成，如屈腕、屈指肌等。

②建议：由于传球动作要求速度快，应注意肌肉的爆发力训练；此外，根据传球距离远近，在训练中应注意下肢与躯干力量的整合效应。

2.“蛙泳划水”划水阶段上肢动作解剖学分析

（1）准备阶段　手臂划水开始前上肢与水面平行，双侧肩关节屈，肘关节伸，腕关节屈，掌心向下，两臂内旋。

(2)动作阶段　双臂对称地向外后划水，两手分开超过肩宽时，手臂略外旋，手掌从朝外后方向转朝外后的下方，见表3－16。

表3－16　“蛙泳划水”划水阶段上肢动作解剖学分析

关节		原动肌		
名称	运动	名称	工作条件	工作性质
肩胛骨	后缩	斜方肌、菱形肌	近固定	向心工作
肩关节	伸	背阔肌、三角肌后部 肱三头肌长头	近固定	向心工作
肘关节	屈	肱二头肌、肱肌	近固定	向心工作
腕关节	屈	前臂屈肌群	近固定	向心工作

(3)小结与建议

①小结：肩胛骨后缩、肩关节伸是手臂划动的主要运动，故斜方肌、背阔肌等的力量直接影响划臂效果。

②建议：由于在完成动作过程中，手臂的外旋、手掌的方向变化对动作质量影响较大，应注意旋手臂肌、运动腕关节的一些小肌肉的力量训练。

3.“跳马上板起跳”阶段下肢动作解剖学分析

(1)准备阶段　双脚踏板，手臂后伸，身体略微前倾，屈髋、屈膝，背屈踝。

(2)列表分析　见表3－17。

表3－17　“跳马上板起跳”阶段下肢动作解剖学分析

关节		原动肌		
名称	运动	名称	工作条件	工作性质
髋关节	伸	臀大肌、股后肌群	远固定	克制工作
膝关节	伸	股四头肌	远固定	克制工作
踝关节	跖屈	小腿三头肌	远固定	克制工作

(3)小结与建议

①小结:踏跳时髋关节伸、膝关节伸、踝关节跖屈均在瞬间完成,要求使这些关节运动的肌肉爆发力强,才能达到弹跳高的目的。

②建议:双脚触板时,应注意下肢各关节的适度屈曲,以便预先拉长完成动作时的原动肌,增加肌肉力量。

4.“侧踢腿”踢腿阶段下肢动作解剖学分析

(1)准备阶段　髋旋外,直膝,跖屈踝关节。

(2)列表分析　见表3-18。

表3-18　“侧踢腿”踢腿阶段下肢动作解剖学分析

关节		原动肌		
名称	运动	名称	工作条件	工作性质
髋关节	外展	臀中肌、臀小肌	近固定	克制工作
膝关节	伸	股四头肌	近固定	克制工作
踝关节	跖屈	小腿三头肌	近固定	克制工作

(3)小结与建议

①小结:完成该动作要求髋关节适度外旋,使股骨大转子避开髋臼;该动作对大腿内收肌群、髋关节内侧韧带的伸展性要求很高。

②建议:由于大腿内收肌群中各肌肉大小不同,长短不一,体积有一定差异,肌肉的伸展性也各不相同,应注意采用不同动作发展其肌肉伸展性。此外,应注意在少儿时期发展髋关节韧带的伸展性。

5.“瑜伽三角式”躯干动作解剖学分析

(1)准备姿势　身体直立,一手侧举,另一手扶踝关节上部。

(2)列表分析　见表3-19。

表 3－19 “瑜伽三角式”躯干动作解剖学分析

关节		原动肌		
名称	运动	名称	工作条件	工作性质
脊柱	侧屈	腹直肌、竖脊肌等	下固定	克制工作
骨盆	侧倾	臀大肌、臀中肌等	远固定	克制工作

(3)小结与建议

①小结:体侧屈时,脊柱、骨盆运动对侧的肌群、韧带等软组织被充分拉伸,主要可发展或测试对侧的腹直肌、腹内斜肌与腹外斜肌及限制脊柱过度侧屈的韧带的伸展性。

②建议:完成“瑜伽三角式”时,两脚距离不宜太大,否则会引起髋关节移动,则身体侧缘被拉长的幅度也增大,此时实际上脊柱仍然保持直立状态,侧屈幅度很小,不能达到训练脊柱侧屈肌的效果。

【练习与思考】(第一至三章)

(一)填空题

1. 人体运动是以骨为__________,关节为__________,肌肉为________而完成的。

2. 正常成人骨共________块,按部位可分为____________和________两部分。

3. 骨的构造包括________、________和________三部分。

4. 全身各骨借结缔组织相连称为________。按骨连结形式的不同可分为__________和__________两种类型。

5. 关节的屈、伸运动是绕________轴在________面内进行的;内收、外展运动是绕__________轴在__________面内进行的。

6. 肘关节由________关节、______关节和______关节组成,这三个关节包在一个共同的关节囊内,彼此又可独立运动,属于典型的________关节。

7. 髋骨在幼年时由________、________和________三块骨借软骨连结而构成，成年后骨性结合成为一块骨，结合处为一深窝，叫作________，是构成________关节的关节窝。

8. 髋关节由________和________组成，按照运动轴的数目分，髋关节属于______关节。

9. 人体结构中最复杂的关节是______关节，参与构成该关节的骨是__________、__________和__________，该关节绕冠状轴可完成________和________的运动。

10. 颈椎的横突有______；胸椎的椎体两侧和横突末端上的关节面为____________，棘突特征是____________；腰椎椎体特征是______，棘突特征是____________。

11. 椎间盘共有______块，由上下软骨板、________和______构成，其主要功能是________________和________________。

12. 脊柱由______块独立的椎骨、1 块______骨、1 块______骨及连结它们的______块椎间盘、关节、韧带共同组成，其中央有管，称为______，里面容纳________，两侧各有 23 个________，________由此通过。

13. 脊柱侧面观四个生理弯曲是______、________、________和________。其中，______和______凸向前，________和________凸向后。

14. 胸廓由 12 块______椎、12 对______骨、1 块______骨及连结它们的关节和韧带等组成，其主要功能是__________________和________________。

15. 影响肌肉力量发挥的解剖学因素有__________________和______________。

16. "引体向上"动作上升阶段，肩关节做______运动，原动肌为______、________和______，它们是在________固定的情况下做________工作。

17. "仰卧起坐"动作可发展腹部的________肌、__________肌和________肌的力量。它们都是在__________固定情况下完成

________工作。

18. 两侧的臀大肌在远固定时同时收缩可使骨盆完成______的运动,一侧臀大肌远固定时收缩可使骨盆完成______的运动。

19. 当脊柱向右侧回旋时,原动肌是左侧的________肌和右侧的________肌,它们是在下固定时完成________工作。

20. 维持人体直立的肌肉主要有__________、____________、__________和____________肌。

21. 小腿三头肌由______和______组成,主要可以使踝关节完成________运动。

22. "俯卧撑"的撑起阶段,肘关节做__________运动,原动肌是________,原动肌的工作条件是__________。

23. "正踢腿"动作,膝关节完成____________的运动,原动肌是________,其工作条件是__________________。

24. "正压腿"时可以发展大腿后部__________肌__________肌和________肌的伸展性。

25. "落地缓冲"动作,膝关节做____________的运动,其原动肌是______,该肌在________固定的工作条件下做________工作。

（二）单选题

1. 正常成人的骨骼(　　)。

A. 共有 306 块

B. 只有长骨和短骨之分

C. 按部位可分中轴骨和四肢骨

D. 富含血管,但无神经分布

2. 下列关于骨的构造的错误描述是(　　)。

A. 骨作为器官,主要由骨膜、骨质和骨髓构成

B. 骨膜上分布有丰富的血管、淋巴管及神经

C. 骨质分为骨密质和骨松质,它是骨的主要成分

D. 骨髓分为红骨髓和黄骨髓,均具有造血功能

3. 关于椎骨的正确描述是(　　)。

A. 颈椎的棘突末端均分叉
B. 隆椎是椎体最小的颈椎
C. 胸椎的椎体两侧及横突末端均有肋凹
D. 腰椎的棘突长且斜向后下方

4. 关于椎间盘的错误描述是(　　)。
A. 位于相邻椎骨的椎体间
B. 主要由纤维环和髓核构成
C. 具有缓冲震荡的功能
D. 共有 31 块

5. 腕关节(　　)。
A. 可作屈、伸运动
B. 是人体中结构最复杂的关节
C. 是人体最灵活的关节
D. 属于单关节

6. 踝关节(　　)。
A. 由胫骨、腓骨、跟骨构成
B. 是滑车关节
C. 运动最灵活
D. 稳定性最大

7. 下列韧带中,属于加固髋关节的韧带是(　　)。
A. 前纵韧带　B. 三角韧带　C. 髂股韧带　D. 交叉韧带

8. 下列不参与构成骨盆的是(　　)。
A. 腰椎　B. 髋骨　C. 尾骨　D. 骶髂关节

9. 足弓(　　)。
A. 由全部足骨构成
B. 内、外侧弓高度相同
C. 具有缓冲、保护等功能
D. 人体有两个完整的横弓

10. 下列关于骨骼肌的错误描述是(　　)。
A. 每块肌肉可分为中部的肌腹和两端的肌腱两部分

B. 肌腹由许多肌纤维构成，具有伸展性和弹性

C. 肌腱由许多胶原纤维构成，具有很强的收缩性

D. 骨骼肌具有黏滞性

11. 下列不属于骨骼肌的物理特性是（　　）。

A. 弹性　　B. 硬度　　C. 伸展性　　D. 黏滞性

12. 股四头肌（　　）。

A. 具有屈膝关节的作用

B. 具有伸踝关节的作用

C. 在"落地缓冲"时为向心工作

D. 在"落地缓冲"时为远固定状态

13. "单杠引体向上"时，屈肘肌是（　　）。

A. 静力性工作　B. 远固定　C. 离心工作　D. 肱三头肌

14. "立定跳远"落地缓冲阶段（　　）。

A. 髋关节伸，原动肌是臀大肌

B. 膝关节屈，原动肌是股四头肌

C. 踝关节屈，原动肌是小腿三头肌

D. 所有原动肌均做向心工作

15. 关于排球"扣球"动作，下列分析正确的是（　　）。

A. 肩关节屈，肘关节伸

B. 肩关节伸，肘关节伸

C. 原动肌在远固定的条件下做向心工作

D. 原动肌在近固定的条件下做离心工作

16. 竖脊肌和腹直肌都能使脊柱完成（　　）运动。

A. 屈　　B. 伸　　C. 侧屈　　D. 回旋

17. 胸大肌和背阔肌都能使肩关节完成（　　）运动。

A. 屈　　B. 伸　　C. 外展　　D. 内收

18. "卧推杠铃"动作推起阶段，肩关节完成的运动是（　　）。

A. 内旋　　B. 内收　　C. 屈　　D. 伸

19. "仰卧举腿"练习，腹肌工作的条件是（　　）。

A. 近固定　B. 远固定　C. 上固定　D. 下固定

20.“原地侧向推铅球”动作，铅球出手阶段，伸肘关节的原动肌是(　　)。

A. 肱二头肌　B. 肱三头肌　C. 肱肌　　　D. 背阔肌

(三)判断题

1. 骨松质主要由骨小梁构成，其密度、排列方向等受后天因素影响。(　　)

2. 儿童、少年的骨内有机物与无机物的比例可达 1∶1，故硬度小，易骨折。(　　)

3. 腕关节的关节窝由尺骨和桡骨的下端关节面组成。(　　)

4. 膝关节是人体中结构最为复杂的关节，能够完成各方向的运动。(　　)

5. 肌肉的定点和动点可随动作的改变而改变。(　　)

6. 肌肉完成向心工作与离心工作时，均为长度变短，力量增强。(　　)

7. 横切一块肌肉的断面即称为肌肉的生理横断面。(　　)

8. 斜方肌具有外展肩胛骨的功能；前锯肌具有内收肩胛骨的功能。(　　)

9. 胸大肌和背阔肌均可使肩关节完成内收和内旋运动。(　　)

10.“单手肩上投篮”篮球出手动作中，上肢肌完成离心收缩。(　　)

11.“弯臂屈肘”练习，主要可以发展上肢后群肌的力量。(　　)

12.“压肩”练习，主要发展上肢前群肌肉的伸展性。(　　)

13.“引体向上”时，胸大肌、肱二头肌、三角肌前部为伸肩关节的原动肌。(　　)

14.“俯卧撑”练习只能发展上肢肌肉的力量。(　　)

15.“负重深蹲”上升阶段的练习，原动肌完成离心工作。

（　　）

16. 脊柱做回旋运动，是由腹外斜肌和腹内斜肌共同参与完成的。（　　）

17. 下固定时，一侧腹外斜肌收缩可使脊柱向同侧屈，并向对侧回旋。（　　）

18. “正踢腿”练习，主要发展股后肌群的肌肉力量。（　　）

19. “正压腿”练习，主要发展股后肌群的伸展性。（　　）

20. “勾足正踢腿”练习时，足在踝关节处做屈的运动。（　　）

（四）名词解释

1. 骨龄
2. 关节
3. 关节运动幅度
4. 椎间盘
5. 原动肌
6. 拮抗肌
7. 近固定
8. 远固定
9. 动力性工作
10. 静力性工作
11. 向心工作
12. 离心工作
13. 肌拉力线
14. 肌肉的生理横断面
15. 肌肉的初长度
16. 多关节肌“主动不足”
17. 多关节肌的“被动不足”

（五）问答题

1. 简述新鲜骨的构造。
2. 简述骨的化学成分、物理特性以及年龄特征。
3. 简述椎骨的一般结构及不同部位椎骨的特殊结构。
4. 简述关节的主要构造。
5. 试述肩关节的组成、辅助结构名称及功能、主要特点、运动及参加运动的主要肌肉的名称。
6. 试述肘关节的组成、辅助结构名称及功能、主要特点、运动及参加运动的主要肌肉的名称。

7. 试述髋关节的组成、辅助结构名称及功能、主要特点、运动及参加运动的主要肌肉的名称。

8. 试述膝关节的组成、辅助结构名称及功能、主要特点、运动及参加运动的主要肌肉的名称。

9. 简述骨盆的组成、运动及其功能。

10. 简述足弓的组成及其功能。

11. 简述脊柱的组成、运动及其功能。

12. 简述胸廓的组成及其功能。

13. 简述骨骼肌的大体结构。

14. 举例说明骨骼肌的物理特性。

15. 试对“单手肩上投篮”篮球出手阶段的上肢动作进行解剖学分析。

16. 试对“引体向上”上升阶段的上肢动作进行解剖学分析。

17. 试对“排球扣球”扣球阶段的上肢动作进行解剖学分析。

18. 试对“蹲踞式起跑”蹬地起跑阶段的下肢动作进行解剖学分析。

19. 试对“立定跳远”落地缓冲阶段的下肢动作进行解剖学分析。

20. 试对“正足背踢球”的下肢动作进行解剖学分析。

(六)思考题

1. 骨、关节和肌肉三者在结构、功能方面有哪些关系?

2. 骨、关节和肌肉中解剖薄弱区有哪些?容易发生哪些运动损伤?

3. 举例说明骨龄在体育运动中的运用。

4. 骨连结中具有缓冲效果的结构有哪些?原理是什么?

5. 腹壁外侧肌群的肌纤维呈多方向走行,其生理意义何在?

6. 试对跳马的“上板踏板”、羽毛球的“大力扣球”动作进行解剖学分析,并设计发展其专项肌肉力量的辅助练习,说明设计依据。

7. 试对“正压腿”“下桥”动作进行解剖学分析,并设计发展其柔韧性的辅助练习,说明设计依据。

8. 评价运用表格法对体育动作进行解剖学分析的优点与不足。

9. 体育运动对骨、关节和骨骼肌具有哪些影响？

【参考答案】

（一）填空题

1. 杠杆　枢纽　动力
2. 20　中轴骨　四肢骨
3. 骨膜　骨质　骨髓
4. 骨连结有腔隙骨连结　无腔隙骨连结
5. 额状　矢　矢　额状
6. 肱尺　肱桡　桡尺近侧　复
7. 髂骨　耻骨　坐骨　髋臼　髋
8. 股骨头　髋臼　多轴
9. 膝　股骨下端　胫骨上端　髌骨　屈　伸
10. 横突孔　肋凹　长且斜向后下方　肥大　粗短且水平向后
11. 23　纤维环　髓核　缓冲震荡　增加脊柱运动幅度
12. 24　骶　尾　23　椎管　脊髓　椎间孔　脊神经
13. 颈曲　胸曲　腰曲　骶曲　颈曲　腰曲　胸曲　骶曲
14. 胸　肋　胸　保护内脏　参与呼吸运动
15. 肌肉的生理横断面　肌肉的初长度
16. 伸　三角肌后部肌纤维　肱三头肌　背阔肌　远　向心
17. 腹直　腹外斜　腹内斜　下　向心
18. 屈　侧屈
19. 腹外斜　腹内斜　向心
20. 竖脊肌　臀大肌　股四头肌　小腿三头
21. 腓肠肌　比目鱼肌　屈
22. 伸　肱三头肌　远固定
23. 伸　股四头肌　近固定
24. 股二头　半腱　半膜

25. 屈　股四头肌　远　离心

（二）单选题

题目	1	2	3	4	5	6	7	8	9	10
答案	C	D	C	D	A	B	C	A	C	C
题目	11	12	13	14	15	16	17	18	19	20
答案	B	D	B	B	B	C	D	C	C	B

（三）判断题

题目	1	2	3	4	5	6	7	8	9	10
答案	√	×	×	×	√	×	×	×	√	×
题目	11	12	13	14	15	16	17	18	19	20
答案	×	√	×	×	×	√	√	×	√	×

（四）名词解释

1. 骨龄：骨龄即骨骺和小骨骨化中心出现的年龄及干骺愈合的年龄，常用来确定人的生物年龄。

2. 关节：骨与骨之间借复杂的结构相连，出现腔隙并失去连续性称关节。包括关节面、关节囊和关节腔。

3. 关节运动幅度：一个动作从开始到结束该关节处相邻两个环节运动范围的极限角度称为关节运动幅度。

4. 椎间盘：椎间盘位于相邻椎骨的椎体间，共有 23 块，由上下软骨板、纤维环和髓核构成，具有缓冲震荡、增加脊柱运动幅度等功能。

5. 原动肌：直接参与完成某动作的肌肉称为原动肌。

6. 拮抗肌：与原动肌功能相反的肌肉称为拮抗肌。

7. 近固定:肌肉收缩时,定点在近侧端,称为近固定。

8. 远固定:肌肉收缩时,定点在远侧端,称为远固定。

9. 动力性工作:肌纤维紧张持续时间短,收缩和放松不断交替,经常改变肌拉力的角度、方向及骨杠杆的位置,这种工作称为动力性工作。

10. 静力性工作:肌纤维紧张持续一段时间,收缩和放松不交替,使运动环节稳定、维持一定身体姿势的肌肉工作称为静力性工作。

11. 向心工作:肌肉收缩克服阻力,肌力大于阻力,使运动环节朝肌肉拉力方向运动的工作叫作向心工作。

12. 离心工作:肌肉在阻力的作用下逐渐被拉长,肌力小于阻力,使运动环节朝肌拉力线的反方向运动的工作称为离心工作。

13. 肌拉力线:肌拉力线即指肌肉合力作用线,是肌肉两端附着点与肌肉长轴相一致的连线,代表着该肌的合力方向。其方向是由动点指向定点。

14. 肌肉的生理横断面:横切一块肌肉所有肌纤维的面积总和为肌肉的生理横断面。

15. 肌肉的初长度:肌肉在收缩之前的长度称为肌肉的初长度。

16. 多关节肌“主动不足”:当多关节肌作为原动肌工作时,其肌力充分作用于一个关节后,就不能再充分作用于其他关节的现象叫作多关节肌“主动不足”。

17. 多关节肌“被动不足”:当多关节肌作为对抗肌出现时,已在一个关节处被拉长,在其他关节处再不能被充分拉长的现象叫作多关节“被动不足”。

(五)问答题

1. 简述新鲜骨的构造。

答案要点:新鲜骨由骨膜、骨质、骨髓构成,并有血管和神经分布。

(1)骨膜:是被覆于骨内、外面由纤维结缔组织构成的膜。分布于除关节面以外整个骨外面。衬于骨髓腔内面和骨松质腔隙内的称骨内膜。骨膜含有丰富的血管、神经和淋巴管,对骨的营养、生长或再生具有重要作用。

(2)骨质:分骨密质和骨松质。骨密质分布于骨的表面,在长骨是骨干的主要层,由紧密排列成层的骨板构成。结构厚而致密,坚硬且抗压、抗扭曲力强;骨松质位于骨的内部,呈海绵状,由骨小梁交织排列而成。

(3)骨髓:充填于长骨的髓腔和骨松质的腔隙内,分红骨髓和黄骨髓。红骨髓有造血功能,黄骨髓失去造血活力。成人红骨髓主要分布于长骨的两端、短骨、扁骨和不规则骨的松质内,如肋骨、胸骨和椎骨等处。这些地方的红骨髓可终身保持。

2. 简述骨的化学成分、物理特性以及年龄特征。

答案要点:

(1)化学成分:包括有机物和无机物两类。有机物主要为骨胶原,它使骨具有弹性;无机物主要是水和钙盐,使骨具有硬度。

(2)物理特性:具有弹性和硬度。

(3)年龄特征:骨的化学成分随年龄增长而发生变化,物理特性也发生一定的变化。儿童、少年骨内有机物和无机物之比为1:1,故硬度小,弹性大,骨易变形;成人骨中有机物和无机物之比为1:2,故成人骨即坚硬有一定的弹性;老年人骨内有机物和无机物之比为1:4,故弹性小,脆性大,骨易发生骨折。

3. 简述椎骨的一般结构及不同部位椎骨的特殊结构。

答案要点:

(1)椎骨的一般结构:除个别椎骨外,每块椎骨都有1个椎体、1个椎弓、1个锥孔和7个突起。相邻椎骨的上、下切迹围成椎间孔,有神经血管通过。椎体与椎弓围成椎孔,各椎骨的椎孔连接起来构成椎管,其内容纳脊髓。从椎板发出的7个突起为:1对上关节突,1对下关节突,1对横突,1个棘突。

(2)各部椎骨的结构特点:

①颈椎:7 枚,特点是椎体较小,横突有横突孔,第 1 颈椎又名寰椎,呈环形,无椎体、无棘突,由前弓、后弓和两个侧块构成。第 2 颈椎又名枢椎,椎体上方有齿突。第 2 至 6 颈椎棘突末端分叉。第 7 颈椎又名隆椎,棘突长而不分叉。

②胸椎:12 枚,椎体较大,椎体两侧及横突末端有肋凹。棘突长且斜向后下方。

③腰椎:5 枚,椎体肥大,棘突粗段且呈宽板状,水平伸向后方。

4. 简述关节的主要构造。

答案要点:骨与骨之间借复杂的结构相连,出现腔隙并失去连续性称动关节。其主要结构包括关节面、关节囊和关节腔三部分。

(1)关节面:是参与组成关节的各相关骨的接触面。分为关节头和关节窝,关节面表面被覆有一层关节面软骨,具有保护关节、减少摩擦,缓冲震荡等作用。

(2)关节囊:为附着在关节面周缘及其附近骨面的结缔组织囊,可分内外两层。外层的纤维层,由致密结缔组织构成,内层为滑膜层,能产生滑液,具有减少关节面摩擦、增加关节效能以及营养关节内软骨等功能。

(3)关节腔:为关节囊和关节面共同围成的密闭腔隙,腔内有少量滑液,呈负压,对维持关节的稳固有一定作用。

5. 试述肩关节的组成、辅助结构名称及功能、主要特点、运动及参加运动的主要肌肉的名称。

答案要点:见表 1-11。

6. 试述肘关节的组成、辅助结构名称及功能、主要特点、运动及参加运动的主要肌肉的名称。

答案要点:见表 1-11。

7. 试述髋关节的组成、辅助结构名称及功能、主要特点、运动及参加运动主要肌肉的名称。

答案要点:见表 1-13。

8. 试述膝关节的组成、辅助结构名称及功能、主要特点、运动及参加运动的主要肌肉的名称。

答案要点：见表1－14。

9. 简述骨盆的组成、运动及其功能。

答案要点：

(1)组成：由骶骨、尾骨和两侧的髋骨以及连结它们的关节、韧带构成的穹窿结构。

(2)运动：①绕两侧髋关节共同的额状轴，可做向前、后的转动；②绕一侧髋关节的垂直轴，可做侧向转动；③绕一侧髋关节的矢状轴，可做向上和向下的转动；④骨盆与下肢一起相对于脊椎，绕额状轴，可做前屈、后伸运动；绕矢状轴，可做侧屈运动；绕垂直轴可做回旋运动。

(3)功能：①支持体重；②缓冲震荡；③保护内脏；④肌肉附着；⑤构成女性生殖道。

10. 简述足弓的组成及其功能。

答案要点：

(1)组成：由足的跗骨、跖骨及足部的关节、韧带、肌腱共同构成的凸向上方的弓形结构。可分为纵弓和横弓。

①纵弓：内侧纵弓：由跟骨、距骨、舟骨、3块楔骨和第1～3跖骨构成，此弓较高，有较大弹性，又称弹性足弓。

外侧纵弓：由跟骨、骰骨和4.5跖骨构成。此弓较矮，弹性较差，又称支撑足弓。

②横弓：由骰骨和3块楔骨组成。

(2)功能：①缓冲震荡；②保护足底血管神经免受压迫。

11. 简述脊柱的组成、运动及其功能。

答案要点：

(1)组成：脊柱由24块独立的椎骨、1块骶骨、1块尾骨以及连结它们的23块椎间盘、关节和韧带构成。

(2)运动：绕额状轴可做屈伸运动；绕矢状轴可做侧屈运动；绕垂直轴可做回旋运动还可做环转运动。

(3)功能：支持体重；保护脊髓和内脏；传递压力、缓冲震动；

运动时的杠杆;肌肉的附着点。

12. 简述胸廓的组成及其功能。

答案要点:

(1)组成:由 12 块胸椎、12 对肋、1 块胸骨以及关节和韧带组成。

(2)功能:保护胸腔脏器;参与呼吸运动。

13. 简述骨骼肌的大体结构。

答案要点:每块骨骼肌包括肌腹和肌腱两部分,还分布有血管和神经等。

(1)肌腹:由许多肌纤维构成,其表面包裹着结缔组织膜。包裹在每条肌纤维外面的膜叫肌内膜;包裹在大、小肌束外面的膜叫肌束膜。包裹在整块肌肉外面的膜叫肌外膜。

(2)肌腱:由胶原纤维构成,缺乏收缩性,但很坚韧,可抵抗较大张力。

(3)血管和神经:每块骨骼肌都是一个器官,除肌纤维外,还分布有血管、神经以及淋巴等,对骨骼肌具有营养、支配运动以及感觉等功能。

14. 举例说明骨骼肌的物理特性。

答案要点:

(1)伸展性:肌肉在外力的作用下,可被拉长的特性,叫作伸展性。如通过“正压腿”动作发展大腿后群肌柔韧性,就是利用肌肉具有伸展性的特性。

(2)弹性:外力解除后,被拉长的肌肉又可恢复原状,肌肉的这种特性叫作弹性。如“正压腿”动作还原至准备姿势,大腿后群肌能够恢复原长度,就是肌肉弹性的表现。

(3)黏滞性:肌肉收缩或被拉长时,肌纤维之间、肌肉之间或肌群之间发生摩擦的外在表现。如天气寒冷进行运动时,人们会感觉动作较为僵硬,就是肌肉具有黏滞性的表现。

15. 试对“单手肩上投篮”篮球出手阶段的上肢动作进行解剖学分析。

答案要点：

关节名称	运动	原动肌	工作条件	工作性质
肩关节	屈	胸大肌、三角肌前部、肱二头肌	近固定	向心工作
肘关节	伸	肱三头肌	近固定	向心工作
腕关节	屈	前臂屈肌群	近固定	向心工作

16. 试对“引体向上”上升阶段的上肢动作进行解剖学分析。

答案要点：

关节名称	运动	原动肌	工作条件	工作性质
肩关节	伸	三角肌后部、肱三头肌、背阔肌	远固定	向心工作
肘关节	屈	肱二头肌	远固定	向心工作
腕关节	屈	前臂屈肌群	远固定	向心工作

17. 试对“排球扣球”扣球阶段的上肢动作进行解剖学分析。

答案要点：

关节名称	运动	原动肌	工作条件	工作性质
肩关节	伸	三角肌后部、肱三头肌、背阔肌	近固定	向心工作
肘关节	伸	肱三头肌	近固定	向心工作
腕关节	屈	前臂屈肌群	近固定	向心工作

18. 试对“蹲踞式起跑”蹬地起跑阶段的下肢动作进行解剖学分析。

答案要点：

关节名称	运动	原动肌	工作条件	工作性质
髋关节	伸	臀大肌、股二头肌、半腱肌和半膜肌	远固定	向心工作
膝关节	伸	股四头肌	远固定	向心工作
踝关节	屈	小腿三头肌	远固定	向心工作

19. 试对“立定跳远”落地缓冲阶段的下肢动作进行解剖学

分析。

答案要点：

关节名称	运动	原动肌	工作条件	工作性质
髋关节	屈	臀大肌、股二头肌、半腱肌和半膜肌	远固定	离心工作
膝关节	屈	股四头肌	远固定	离心工作
踝关节	伸	小腿三头肌	远固定	离心工作

20. 试对“正足背踢球”的下肢动作进行解剖学分析。

答案要点：

关节名称	运动	原动肌	工作条件	工作性质
髋关节	屈	髂腰肌、股直肌	近固定	向心工作
膝关节	伸	股四头肌	近固定	向心工作
踝关节	屈	屈肌群	近固定	向心工作

（六）思考题

答案：略

内　脏

【学习要求】

1. 熟悉内脏的概念。
2. 熟悉中空性器官的结构。

【学习内容】

一、内脏的概念

内脏是指大多数位于胸腔、腹腔内,并借一套完整的管道与外界直接或间接相通的器官,包括消化系统、呼吸系统、泌尿系统和生殖系统。它们的主要功能是进行物质代谢和繁殖后代。

二、内脏的一般结构

(一)中空性器官

有特定空腔容纳食物、气体、水等,管壁为 3 ~ 4 层,由不同组织构成,具有不同的功能,这类器官称为中空性器官。以消化管为例,由内向外包括四层结构。

1. 黏膜

黏膜由上皮、固有膜和黏膜肌层构成,有保护、吸收、分泌等功能。

2. 黏膜下层

黏膜下层由疏松结缔组织构成,含有血管、腺体、淋巴管和神经等,为黏膜层提供营养,也使管腔在扩大或缩小时具有缓冲余地。

3. 肌层

多数器官为分层排列的平滑肌构成,收缩使器官产生运动。

4. 外膜

外膜有浆膜、纤维膜之分,具有保护、固定、减少器官之间摩擦等功能。

(二)实质性器官

由完成该器官功能的组织为主要成分,借结缔组织连接,并伴以血管、淋巴和神经构成,表面包有被膜,常以导管开口于中空性器官,无特定空腔,这类器官称为实质性器官。

(三)腹部的分区和主要体表投影

腹部通过上横线(左、右肋弓最低点连线)、下横线(左、右髂前上棘连线)和垂直线(左、右腹股沟韧带的中点所做的垂线)分为3部9区,见下表。

腹部的分区

分部	分区		
腹上部	右季肋区	腹上区	左季肋区
腹中部	右腹外侧区(右腰区)	脐区	左腹外侧区(左腰区)
腹下部	右腹股沟区(右髂区)	腹下区(耻区)	左腹股沟区(左髂区)

【学习方法】

1. 内脏的概念

把握内脏所在位置、由四个系统组成、系统具有的共同特点、完成新陈代谢与繁殖后代等功能四层含义。

2. 中空性器官的壁结构

消化系统的器官一般为4层,其他系统的器官一般为3层,注意把握不同层次组织结构的差异,并结合功能加以理解。

3. 内脏器官的学习规律

一般包括器官的名称、位置、结构特点、主要功能等方面内容。

【应用知识】

1. 运动性腹痛

运动性腹痛是指人在运动中时常出现腹部疼痛的现象,是机体不适应运动的一种表现。原因主要有准备活动不充分、运动时呼吸节律紊乱导致胃肠发生痉挛或肝脾瘀血肿胀而引起。发生运动性腹痛时,可适当减速,调整呼吸。如果疼痛仍不减轻并有所加重时,应停止运动,进行检查,找出原因,酌情处理。注意腹痛在没有明确诊断前,不能服用止痛药,以免掩盖病情而造成误诊。

2. 岔气

岔气又称急性胸肋痛。导致此症状的原因很多,其一,准备活动不充分,肌肉马上进入紧张状态,而内脏器官的功能不能满足肌肉活动所需养料和氧气,致使呼吸肌痉挛导致岔气;其二,由于活动时需氧量加大,若只是加快呼吸频率而深度不足,也能引起呼吸肌痉挛;其三,长期缺乏参加体育活动或天气过冷,以及大量出汗引起体内氯化钠含量过低,也能引起岔气。岔气时,呼吸肌痉挛刺激呼吸肌中感受器可产生疼痛。人体最主要的呼吸肌是肋间肌和膈肌,当肋间肌痉挛时,胸部两侧疼痛。当膈肌痉挛时,疼痛多发生在左右肋下。

第四章　消化系统

【学习要求】

1. 掌握消化系统的组成。
2. 掌握胃与肝脏的位置。

3. 掌握小肠在食物消化吸收过程中起主要作用的原因。
4. 熟悉胃腺的分类及各类胃腺细胞的主要功能。
5. 熟悉大肠的结构特点与主要功能。
6. 熟悉肝门出入结构。
7. 熟悉胰腺的分部及其主要功能。

【学习内容】

一、消化系统的组成

- 消化系统
  - 消化管　按顺序包括：口腔、咽、食管、胃、小肠、大肠六个部分
  - 消化腺
    - 大消化腺
      - 肝
      - 胰
      - 三对大唾液腺
    - 小消化腺：分布于消化管各段壁内的腺体，如胃腺、小肠腺等

二、消化系统的功能

消化系统主要功能是对食物进行机械磨碎、化学分解，并吸收营养物质、排除残渣废物。此外，还参与语言、辅助发音和感受味觉等功能。

第一节　消化管

一、口腔简介

口腔有前壁、侧壁、上壁、下壁，后方经咽峡通咽，分为口腔前

庭与固有口腔两部分。口腔内器官主要为牙、舌、大唾液腺。

咽峡:由腭垂、左、右腭舌弓和舌根共同围成,是口腔通往咽的门户。

二、口腔内器官简介

(一)牙

1. 牙的概况

牙位于上、下颌骨牙槽内。人一生有两套完整的牙:乳牙 20 颗,恒牙 32 颗。根据牙的形态与功能可分为切牙、尖牙、前磨牙和磨牙。各类牙的分部与结构基本相同,包括牙冠、牙颈和牙根三部分,由釉质、骨质、牙质和牙髓构成。牙主要具有切割、磨碎食物、辅助发音等功能。

2. 牙式

以“+”记号划分四个区,表示上、下颌与左、右侧牙位。牙式中以罗马数字(Ⅰ~Ⅴ)表示乳牙,以阿拉伯数字(1~8)表示恒牙。

(二)舌

1. 舌的概况

舌位于口腔底,分为舌尖、舌体和舌根三部分,舌根固定于舌骨上。舌主要由舌内、外肌(骨骼肌)构成,运动十分灵活。舌在咀嚼时起搅拌作用,还对语言发音有重要功能,也是人的味觉器官。

2. 味蕾

舌体覆盖有黏膜,黏膜上有很多乳头状结构,其中丝状乳头司一般感觉,轮廓乳头、菌状乳头和叶状乳头内含许多味蕾,感受酸、甜、苦、咸等味觉刺激,司味觉。

（三）唾液腺

1. 唾液腺的概况

唾液腺有三对，共同特征是分泌唾液，开口于口腔，又称口腔腺。

2. 三对唾液腺比较

三对唾液腺的名称、位置、开口和主要功能见表4－1。

表4－1　三对唾液腺比较

名称	位置	腺管开口	主要功能
腮腺	耳前下方	平对上颌第2磨牙的黏膜	分泌唾液 湿润黏膜 清洗口腔 便于吞咽
下颌下腺	下颌骨体下缘内侧	舌下阜	
舌下腺	舌下襞深面	舌下阜	

三、咽与食管

咽与食管均为肌性管道，其形态、分段、位置、结构特点与功能见表4－2。

表4－2　咽与食管比较

	形态	分段	位置	结构特点	功能
咽	漏斗形 管状	鼻咽 口咽 喉咽	颈椎 胸段 前方	咽鼓管咽口 咽淋巴环	运输气体 运输食物
食管	三个狭窄 管状	上1/3段 中1/3段 下1/3段	脊柱 胸段 前方	上1/3段为骨骼肌 骨骼肌与平滑肌混合 下1/3段平滑肌	运输食物

四、胃

（一）胃的概况

胃是消化管最膨大的部分，呈囊袋状，大部分位于腹腔左季肋区，小部分位于腹上区。向上通过贲门与食管相接，向下通过幽门与小肠相连。胃具有收纳食物、分泌胃液和调和食糜等功能。

（二）胃壁的结构特点

1. 黏膜与黏膜下层

胃的黏膜层与黏膜下层共同突起形成许多胃襞。黏膜层有吸收功能，黏膜下层中有丰富血管、神经与胃腺，胃腺开口于胃小凹细胞种类以及功能见表4－3。

表4－3　胃腺细胞种类及功能

名称	分泌物	功能
主细胞	胃蛋白酶原	分解蛋白质
壁细胞	盐酸	激活胃蛋白酶原
颈黏液细胞	黏液	防蚀，保护胃壁

2. 肌层

肌层由内层斜行、中层环行、外层纵行走向不同的三层平滑肌构成，环行肌在贲门与幽门处形成括约肌，防止食物逆流。肌肉收缩使胃产生蠕动。

3. 外膜

外膜即包裹胃表面的浆膜，起着减小胃与其他器官之间摩擦的作用。

五、小　肠

（一）小肠的概况

小肠呈长管状，5～7m，典型四层结构，是消化吸收的主要场所。小肠分十二指肠、空肠与回肠三段，胆汁和胰液通过胆总管与胰腺管进入十二指肠；空肠与回肠是小肠的主要部分，两者在位置、长度及结构等方面有一定差异，见表4－4。

表4－4　空肠、回肠比较

	空肠	回肠
位置	腹腔左上部	腹腔右下部
长度	占两者长度2/5	占两者长度3/5
环形皱襞	密而高大	疏而细小
小肠绒毛	多	少

（二）小肠壁的结构特点

1. 环状皱襞

环状皱襞由黏膜层与黏膜下层共同突起形成，具有进一步扩大小肠与食糜接触面积的功能。

2. 小肠绒毛

小肠绒毛是环状皱襞上的细小指状突起。绒毛的细胞具有吸收营养物质功能，绒毛内毛细淋巴管和毛细血管具有运输营养物质的作用，绒毛也具有增加小肠吸收面积的功能。

3. 小肠腺

小肠腺位于小肠黏膜下层内，分泌小肠液，含多种消化酶，分解食糜中蛋白质与脂类物质。

4. 肌层

小肠壁中排列有内环、外纵两层平滑肌，收缩产生小肠蠕动。

5. 外膜

小肠的外膜属于浆膜,减少小肠与其他器官之间的摩擦。小肠系膜由外膜形成,饭后激烈运动容易发生牵扯疼痛。

(三)小肠的功能

小肠是食物消化吸收的主要场所,分析其原因主要有四个方面:消化液丰富、长度长、面积大、有吸收物质的结构(小肠绒毛)。

六、大　肠

(一)大肠的概况

大肠长约1.5m,位于空肠与回肠的四周,分为盲肠、结肠与直肠三段,结肠是大肠的主要部分,在盲肠下端内侧有阑尾,直肠末端为肛门。大肠主要具有吸收水分、无机盐,并使食物残渣形成粪便,排出体外等功能。

(二)结构特点

肠壁纵行肌形成三条结肠带,肠管形成若干结肠袋,结肠袋之间有若干肠脂垂。由于大肠腺分泌物不含消化酶,故大肠无分解营养物质的功能。

(三)大肠与小肠的差异

大肠与小肠虽然均为消化管,但差异很大,见表4-5。

表4-5　大肠与小肠比较

	大肠	小肠
位置	小肠四周	大肠围绕
长度	1.5m	5~7m
分段	盲肠、结肠、直肠	十二指肠、空肠、回肠

续表

	大肠	小肠
形态	管腔粗，肠壁薄	管腔细，肠壁厚
结构特点	有结肠带、结肠袋、肠脂垂	有环状皱襞、小肠绒毛
主要功能	吸收水分、维生素、无机盐、排出粪便	消化吸收三大营养物质

第二节　消化腺

消化腺分为大消化腺与小消化腺。大消化腺包括唾液腺、肝、胰，小消化腺分布于消化管各段壁内，如胃腺、小肠腺、大肠腺等。

一、肝

（一）肝的概况

肝是人体最大的消化腺，重约 1 500g，楔形，红褐色，质软而脆，易破裂。肝属于实质性器官，由若干肝小叶构成，表面被覆浆膜。肝是人体“生化加工厂”，具有解毒、合成糖原、帮助脂肪消化、造血、参与物质代谢等功能。

（二）肝的位置

肝位于腹腔内，大部分位于右季肋区和腹上区，小部分位于左季肋区。

（三）肝　门

肝下面有“H”形三条沟，其中横沟为肝门，是门静脉、肝固有动脉、左右肝管、神经、淋巴管集中出入的门户。

（四）肝外胆道系

肝外胆道系包括胆囊和输胆管道。

1. 胆囊

胆囊位于肝右纵沟前部胆囊窝内，梨形，中空性器官，具有贮存和浓缩胆汁等功能。

2. 输胆管道

输胆管道由左右肝管、肝总管、胆囊管和胆总管组成，胆总管开口于十二指肠，将胆汁输入小肠。

二、胰　腺

（一）胰腺的概况

胰腺为人体第二大消化腺，横卧于腹后壁，胃的后方，扁长条形，分头、体、尾三部分。胰腺属于实质性器官，表面包有结缔组织膜，实质由外分泌部与内分泌部组成。

（二）胰腺实质

1. 外分泌部

外分泌部由胰腺管与腺泡构成，分泌胰液，含淀粉酶、蛋白酶和脂肪酶，具有分解三大营养物的功能。

2. 内分泌部

胰岛分布于胰腺腺泡之间，分泌胰岛素，调节血糖代谢。

【学习方法】

1. 消化系统的组成

先记住消化管与消化腺，再按顺序记忆消化管的组成，注意小消化腺分布于所在器官的管壁中，大消化腺是独立的器官。

2. 为什么小肠是消化吸收的主要场所

（1）消化液丰富　胆汁、胰液经十二指肠进入小肠，小肠液与胆汁、胰液共同作用于食糜。胆汁具有乳化脂肪、激活胰脂肪酶的作用;胰液与小肠液中的淀粉酶、脂肪酶、蛋白酶将食糜中淀粉、蛋白质、脂肪分解成为可以被吸收的成分,即将淀粉转换为葡萄糖,蛋白质转换为氨基酸,脂肪转换为甘油和脂肪酸,只有经过这样的转换后,才能够被小肠吸收。

(2)长度长　小肠长5~7m,消化酶有充足的时间分解食糜,且有足够的时间对营养物质进行吸收。

(3)面积大:小肠的总吸收面积本来就较大,加之环状皱襞和小肠绒毛进一步增大了吸收面积,故经过分解后的营养物质可以在小肠内得到充分吸收。

(4)有吸收结构:小肠绒毛是小肠吸收物质的结构,其中毛细血管能够吸收葡萄糖、氨基酸、甘油;毛细淋巴管(又称乳糜管)能够吸收脂肪酸。

3. 胰腺

胰腺是集内、外分泌腺为一体的器官,它既是化学分解食物的主要器官,也是调节血糖浓度的器官。

【应用知识】

1. 腮腺炎

由腮腺炎病毒侵犯腮腺引起的急性传染病,儿童和青少年多发,成人中也有发病。腮腺的非化脓性肿胀疼痛为突出的病征。此病毒还可侵犯神经系统及肝、肾、心、关节等几乎所有的器官,引起脑膜炎、睾丸炎、胰腺炎、乳腺炎和卵巢炎等疾病。

2. 胃病

胃病主要包括胃炎、溃疡病、胃出血或胃癌等。该病大多与进食有关,症状主要表现为食欲不振、进食少许即出现上腹部饱胀、易饱,恶心呕吐等。

3. 肝炎

肝炎是肝脏的炎症总称,可分为急性和慢性两种。导致肝炎的原因很多,主要有病毒感染、自身免疫、药物和毒物、乙醇、代谢障碍等。由病毒造成的肝炎可分甲、乙、丙、丁、戊和庚共六种类型。肝炎的早期症状及表现有食欲减退，消化功能差，进食后腹胀，没有饥饿感，厌吃油腻食物，如果进食便会引起恶心、呕吐，活动后易感疲倦等。

4. 肠炎

肠炎是小肠或结肠黏膜发炎的总称，有腹泻、腹痛、腹胀等症状，分急性和慢性两种。急性肠炎起病急，腹泻次数频繁，腹痛剧烈，常伴有发热、失水等症状。慢性肠炎病程缓慢，以长期腹泻、腹痛、营养不良、体质虚弱为主要症状。

5. 阑尾炎

阑尾炎是一种常见腹部疾病，分急性与慢性两种。急性阑尾炎初期有中上腹部或脐周疼痛，以后转至右下腹，可伴有恶心、发热、白细胞值增高等。病情严重时，阑尾穿孔，可引起腹膜炎。慢性阑尾炎经常有右下腹隐痛或压痛，并可反复发作。

6. 胰腺炎

胰腺炎可分为急性和慢性两种。急性胰腺炎是多种病因导致胰酶在胰腺内激活后引起胰腺组织自身消化、水肿、出血甚至坏死的反应，临床以急性上腹痛、恶心、呕吐、发热和血胰酶增高为特点。慢性胰腺炎是指由于各种不同原因引起的胰腺局部、节段性或弥漫性的慢性进展性炎症，导致胰腺组织和胰腺功能不可逆的损害。临床表现为反复发作性或持续性腹痛、腹泻或脂肪泻、消瘦、黄疸、腹部包块和糖尿病等。

7. 痔疮

痔疮是最常见的肛肠疾病，人体直肠末端黏膜下和肛管皮肤下肛垫支持结构、静脉丛及动脉吻合支发生病理性改变或移位、扩张、屈曲所形成的血栓，称为痔，又名痔疮、痔核、痔病、痔疾等。医学所指痔疮包括内痔、外痔、混合痔，排便时出血和脱出为主要症状。

第五章　呼吸系统

【学习要求】

1. 掌握呼吸系统的组成。
2. 掌握鼻旁窦的概念。
3. 掌握纵隔的概念
4. 掌握肺的位置与分叶。
5. 熟悉左、右支气管的分支特点。
6. 熟悉肺的构造。
7. 熟悉憋气与屏息的概念。

【学习内容】

一、呼吸系统组成

呼吸系统
- 呼吸道:按顺序包括鼻→咽→喉→气管→支气管五个部分
- 肺:由支气管树、肺泡及被膜构成

二、呼吸系统功能

呼吸系统主要功能是吸入氧气,呼出二氧化碳,此外还有嗅觉、发音等功能。

第一节　呼吸道

呼吸道由鼻、咽、喉、气管和支气管组成。通常将鼻、咽、喉称为上呼吸道,气管、支气管称为下呼吸道。

一、鼻

(一)鼻的概况

鼻由外鼻、鼻腔、鼻旁窦三部分组成,外鼻位于颜面部,由软骨、骨、皮肤等构成;鼻腔由骨和软骨构成,被覆黏膜,鼻中隔将其分为左右鼻孔,鼻中隔上部与上鼻甲区域称为嗅区,有嗅神经末梢分布,司嗅觉。鼻腔内有丰富的血管、黏液腺,对空气有加温、湿润和净化等作用。

(二)鼻旁窦

鼻旁窦位于鼻腔周围颅骨内的含气腔膝,内衬黏膜,有孔与鼻腔相通,又称副鼻窦。包括上颌窦、筛窦、额窦和蝶窦,具有温暖、湿润空气的作用,并对发音起共鸣作用。

二、咽(见消化系统)

三、喉

(一)喉的概况

喉位于颈前部正中,向上开口于咽部,向下与气管相通,由软骨、韧带和肌肉构成,不仅是呼吸通道,也是发音器官。

(二)声　带

喉腔内被覆有黏膜,中部侧壁的黏膜形成上、下两对皱襞,下方一对为声襞,声襞之间的缝隙为声门裂。声襞及其内含的声韧带、声带肌三者合称“声带”。当气体通过声门裂时,振动声带而发音。

四、气管和支气管

(一)气管与支气管的概况

气管是连接喉与肺之间的管道,位于食管前方,在第6颈椎高度与喉相连,向下至胸骨角高度分为左、右支气管,最后经过左右肺门进入肺。气管由15~20个"C"形半环形透明软骨通过弹性纤维、平滑肌相连而成,气管与支气管均是运输气体的管道。

(二)左、右支气管特点

右支气管较左支气管粗短,并向下较直进入右肺,故异物容易落入右支气管。

第二节　肺

一、肺的位置与外形

肺位于胸腔内,纵隔两侧,左右各一,膈肌上方。肺近似圆锥形,分为一尖、一底、两面、三缘。左肺表面有一条裂缝,右肺表面有两条裂缝,将肺分为左侧上、下两叶,右侧上、中、下三叶。

二、肺　门

肺的内侧面中央凹陷为肺门,有支气管、肺动脉、肺静脉、淋巴管和神经等结构出入。

三、肺的构造

肺为典型实质性器官，表面被覆胸膜脏层，实质由肺内支气管树、肺泡及其周围的毛细血管与弹力纤维等构成。

支气管进入肺内后，越分越细，管壁结构中的软骨逐渐减少，平滑肌逐渐增加，最后与肺泡移行。支气管的管径为1mm时称为细支气管，每一支细支气管与所连肺泡形成“肺小叶”，是肺的结构和功能单位。

第三节　胸膜与纵隔

一、胸　膜

胸腔内覆盖于肺表面的浆膜为胸膜脏层，衬在胸廓内表面与膈肌表面的浆膜为胸膜壁层，两层之间形成密闭的胸膜腔。胸膜腔左右各一，互不相通，呈负压，有少量浆液，具有减少呼吸时肺与周围结构产生摩擦的功能。

二、纵　隔

左、右肺的内侧面覆盖有纵隔胸膜，左、右纵隔胸膜之间所有器官和组织结构的总称为纵隔，包括的器官主要有心脏、大血管、胸导管等。

三、胸膜腔

胸膜的脏层与壁层之间围成封闭的胸膜间隙，左右各一，互不相通，呈负压，内有少量浆液，起到减少肺与胸壁之间摩擦的作用。

【学习方法】

1. 呼吸系统组成

先记住呼吸道与肺,再按顺序记忆呼吸道的各器官名称。可以将呼吸道与消化道的器官名称、结构特点及其主要功能对比学习。

2. 支气管

注意左右支气管粗细、进入肺的角度等差异,理解异物容易落入右支气管。

3. 将嗅觉、鼻窦炎、发音、憋气、屏息、气管炎等常见生理现象和疾患与呼吸道各部分的结构特点结合学习。

【应用知识】

1. 过敏性鼻炎

过敏性鼻炎是一种鼻黏膜的过敏反应。患者有突然发生鼻痒、鼻塞、打喷嚏和流清水样涕等症状,呈间歇性反复发作,发作时鼻黏膜苍白水肿。过敏原因往往不易找到,粉尘、花粉或化学物质等均可能引起发作。

2. 鼻窦炎

鼻窦炎是鼻窦黏膜发炎,其中以上颌窦炎和筛窦炎最为常见。常由感冒引起,有急性与慢性两种。主要症状是流脓涕、鼻塞、头昏、头疼和外鼻局部压痛等。

3. 鼻出血

鼻出血一般多发生在鼻中隔前部,可由全身疾病引起,如高热、高血压、血液病等,也有由鼻内炎症、肿瘤、外伤等引起。多为单侧,如出血不多,常自行停止。出血时可用冷毛巾敷额部、用手指捏紧鼻孔等方法止血。

4. 白喉

白喉是白喉杆菌引起的急性传染病,幼儿发病率高。主要症状为咽、喉或鼻部有灰白色假膜、发热、咽痛、吞咽困难等,容易产生心肌炎等严重并发症。

5. 气管异物

气管异物多发生于小儿,常由于哭笑时误将豆类、瓜子等食物吸入气管所致。发生后立即引起阵发性咳嗽和呼吸困难,甚至窒息,应立即送医院处理。

6. 气管及支气管炎

气管及支气管炎是一种常见的呼吸系统疾病。一般按病程可分为急性气管炎、支气管炎及慢性支气管炎两类;按病理解剖可分为气管炎、支气管炎及毛细支气管炎。长期咳嗽、咳痰或伴有喘息及反复发作为特征。

7. 肺炎

肺炎指在肺部发生的炎症。通常以感染最常见,也可由物理因素或化学因素、过敏及药物所引起。引起肺炎的病原体或原因有多种,如细菌、真菌、病毒、寄生虫、放射线、化学物质、过敏因素等。咳嗽,痰盛,发烧,气喘鼻煽,无汗等为其主要症状。

8. 肺气肿

肺气肿是由于细支气管长期发炎,管腔狭窄,阻碍呼吸所致。主要症状有咳嗽、多痰、气急等。

9. 憋气

关闭声门裂,用力向外呼气的动作,称为憋气。由于增加了对神经系统的刺激,可以反射性增加全身肌肉收缩力量,该动作影响血液回流,故不宜持续较长时间。体育运动中,甚至生活中的一些发力动作常常伴有憋气动作。

10. 屏息

关闭声门裂,既不吸气,也不呼气的动作,称为屏息。由于胸廓暂时停止活动,附着于其上的上肢肌有了稳定支点,故可以增加上肢稳定性。体育运动中,甚至生活中在完成一些要求上肢稳定的动作时常采用屏息状态。

第六章　泌尿系统

【学习要求】

1. 掌握泌尿系统的组成。
2. 掌握肾脏的位置。
3. 掌握肾单位的概念。
4. 熟悉肾脏的大体结构。
4. 熟悉肾单位的构成及各部分的主要功能。
5. 熟悉原尿、终尿的概念。

【学习内容】

一、泌尿系统的组成

泌尿系统
- 肾　脏—产生尿液
- 输尿管—输送尿液
- 膀　胱—储存尿液
- 尿　道—排出尿液

二、泌尿系统的功能

泌尿系统的主要功能是排出机体中溶于水的代谢产物和多余的水分，保持体液酸碱平衡。

第一节　肾

一、肾的位置与外形

肾呈红褐色,蚕豆形,位于脊柱的两侧,呈“八”字形排列在第11胸椎至第3腰椎之间,右肾略低半个椎体高度。肾分为上下两端、前后两面、内外两缘。

二、肾　门

肾的内侧缘中部有血管、神经、淋巴管、输尿管出入,称为肾门。

三、肾的构造

肾为典型实质性器官,外有三层被膜包裹,实质由各类泌尿小管、血管等构成。

(一)被　膜

包裹肾的被膜由外向内为肾筋膜、脂肪囊与纤维囊,具有固定、保护肾脏等作用。

(二)肾实质的大体结构

在肾冠状面上,可见肾窦、肾皮质与肾髓质三部分。肾窦内有肾小盏、肾大盏、肾盂、肾血管与神经通过;肾皮质主要由肾小体构成;肾髓质主要由肾锥体构成,肾皮质与肾髓质之间互有结构穿插连结。

（三）肾实质的组织结构

显微镜观察，肾实质主要由许多泌尿小管构成。泌尿小管分为肾单位与集合小管两部分。

1. 肾单位

肾单位是肾的结构与功能单位，每个肾约有200万个，分为肾小体和肾小管两部。

2. 原尿与终尿

尿是由肾小球过滤，肾小管重吸收产生。当血液经过肾小球时，血浆中的葡萄糖、无机盐与大量水分过滤进入肾小囊腔内，这种液体称为原尿。当原尿流经肾小管、集合小管时，其中约99%的水分与葡萄糖、无机盐又被重新吸收进入血液循环，剩下的多余水分、废物等最后形成终尿排出体外。肾单位与集合小管分部及主要功能见表6－1。

表6－1　肾泌尿小管分部及主要功能

<table>
<tr><th colspan="3">分部</th><th>位置</th><th>形态</th><th>结构</th><th>主要功能</th></tr>
<tr><td rowspan="5">肾单位</td><td rowspan="2">肾小体</td><td>肾小球</td><td>皮质</td><td>球形</td><td>毛细血管网</td><td>产生原尿</td></tr>
<tr><td>肾小囊</td><td>皮质</td><td>双层杯状</td><td>脏、壁两层</td><td>收集原尿</td></tr>
<tr><td rowspan="3">肾小管</td><td>近曲小管</td><td>皮质</td><td>盘曲弯管</td><td rowspan="3">单层立方上皮细胞基膜</td><td>重吸收大部分水、钾、钠离子、全部葡萄糖</td></tr>
<tr><td>髓　袢</td><td>髓质</td><td>“U”形弯管</td><td>重吸收水、钠</td></tr>
<tr><td>远曲小管</td><td>皮质</td><td>盘曲弯管</td><td>重吸收水、钠</td></tr>
<tr><td rowspan="2">集合小管</td><td colspan="2">集合管</td><td>髓质</td><td>直管</td><td>单层立方上皮
柱状上皮</td><td>重吸收水、钠</td></tr>
<tr><td colspan="2">乳头管</td><td>髓质</td><td>直管</td><td>柱状上皮</td><td>排出终尿</td></tr>
</table>

3. 肾脏的血液循环

肾动脉经肾门入肾，其分支入球小动脉进入肾小球囊，缠绕构成毛细血管网，即肾小球，过滤产生原尿。肾小球血管汇合形成出球小动脉，该动脉出肾小球囊后再次形成毛细血管网缠绕在肾小管上，重吸收原尿中对人体有用的物质，最后汇合形成肾静脉，回到血液循环中。

第二节　输尿管

输尿管左右各一，为细长扁圆柱状的肌性管道，起于肾盂，终于膀胱。输尿管可分为腹段、盆段、膀胱壁内段，全长有三处狭窄，尿路结石常停留于狭窄处，引起疼痛与输尿障碍。

第三节　膀　胱

膀胱位于小骨盆腔内，排空状态时位于耻骨联合后面，是一个伸缩性较大的肌性囊状器官，分为膀胱尖、膀胱底、膀胱体三部分。

膀胱壁有黏膜、黏膜下层、肌织膜与外膜四层。黏膜层移动性好，耐腐蚀性强；黏膜下层与黏膜层形成许多皱褶；肌织膜发达，且伸展性好；外膜部分为浆膜，部分为纤维膜。

第四节　尿　道

尿道是将膀胱储存的尿液排出体外的肌性管道。女性尿道短，仅有排尿功能；男性尿道长，既是排尿器官，也是排精通道。

【学习方法】

1. 肾单位

参考表6－1，学习各部分的主要功能。

2. 尿的生成机制

通过原尿与终尿的产生过程，将血液、体液酸碱平衡等知识与肾脏功能相结合，理解尿的生成机制。

【应用知识】

1. 肾炎

肾炎是肾脏非化脓性的炎性病变,通常指肾小球肾炎。轻者无明显症状;重症者一般有血尿、高血压、水肿、心力衰竭和尿毒症等现象。急性肾炎多见于幼儿及青少年,大部分能完全康复。

2. 尿毒症

尿毒症是急性和慢性肾功能不全发展的最后阶段。患者出现代谢终末产物和内源性物质在体内潴留,水、电解质和酸碱平衡发生紊乱以及某些内分泌功能失调,从而引起一系列自体中毒症状。

3. 肾结石与输尿管结石

肾结石是泌尿外科最常见的疾病,一是发病率高,二是预防困难、治疗复杂。目前肾结石发病有四个方面的特点:发病率逐年升高,女性发病率增高,脑力劳动者发病率增高,结石中草酸钙、磷酸钙、尿酸等成分逐渐增多。

输尿管结石绝大多数来源于肾脏,包括肾结石或体外震波后结石碎块在排出过程中停留所致。输尿管结石可引起肾绞痛,典型表现为腰部或上腹部阵发性剧烈疼痛,并沿输尿管行径放射到同侧腹股沟及以下部位。

4. 尿道炎

尿道炎是一种常见病,分为急性和慢性、非特异性尿道炎和淋菌性尿道炎。临床表现主要有尿频、尿急、尿痛和血尿。尿道排出脓性分泌物,女性则分泌物很少。

5. 导尿术

导尿术是用无菌导尿管自尿道插入膀胱引出尿液的方法。常用于尿潴留,留尿作细菌培养,准确记录尿量,了解少尿或无尿原因,测定残余尿量、膀胱容量及膀胱测压,注入造影剂,膀胱冲洗,及盆腔器官术前准备等。

第七章 生殖系统

【学习要求】

1. 了解男、女性生殖系统概况。
2. 了解男、女性生殖器官的结构与功能。

【学习内容】

一、生殖系统的组成

男性与女性生殖系统组成不同。

二、生殖系统的主要功能

产生生殖细胞，繁殖后代，分泌性激素，维持第二性征。

睾丸产生精子，先贮存在附睾，随精液进入输精管、射精管，最后经尿道排出体外。

卵巢排出卵子，经腹膜腔进入输卵管，在输卵管壶腹受精后，移至子宫内着床发育成长，成熟后的胎儿在分娩时出子宫口经阴道娩出。

第一节 男性生殖系统

一、男性内生殖器

（一）睾 丸

睾丸位于阴囊内，左右各一，扁卵圆形，表面光滑。分内外两面，前后两缘，上下两端。睾丸表面有一层坚韧的致密结缔组织膜，称为白膜，缺乏弹性，急性睾丸炎时会产生剧痛。白膜在近睾丸后缘处增厚进入睾丸实质内。睾丸内有许多睾丸小隔、睾丸小叶、精曲小管、精直小管、睾丸网、睾丸输出小管、间质细胞等，精曲小管是精子发生的部位，间质细胞有分泌男性激素的功能。

（二）输精管道

1. 附睾

附睾位于睾丸的上端与后缘，长条状，分头、体和尾三部分，具有贮存精子、营养精子和促进精子成熟等功能。

2. 输精管

输精管长约50cm，管壁较厚，肌层较发达，管腔细小。活体触摸时，呈坚实的圆索状，是输送精子的管道。

精索：柔软的圆索状结构，由腹股沟管深环至睾丸上端，内有输精管、睾丸动脉、蔓状静脉丛、神经丛和淋巴管等，其表面包有被膜。

3. 射精管

射精管由射精管壶腹与精囊排泄管汇合形成，长约2cm，斜穿前列腺，开口于尿道前列腺部，是输送精子的管道。

4. 男性尿道

男性尿道起自膀胱的尿道内口，止于尿道外口，长18～20cm。分为前列腺部、膜部、海绵体部。尿道在尿道内口、尿道膜部、尿道外口三处均较为狭窄。尿道还有两处弯曲：耻骨下弯和耻骨前弯，插导尿管（或膀胱镜）时，需将阴茎上提至腹壁，可使耻骨前弯变直。男性尿道具有排尿和排精的功能。

（三）附属腺体

1. 精囊（精囊腺）

精囊位于膀胱底与直肠之间，输精管壶腹的外侧，呈长椭圆形，为囊状器官，表面凹凸不平。精囊具有分泌液体、参与组成精液的功能。

2. 前列腺

前列腺位于膀胱与尿生殖膈之间,包绕尿道起始部,呈前后稍扁的栗子状,为不成对的实质性器官。后面正中有前列腺沟,活体可经肛门指诊触及前列腺和沟,前列腺肥大时,此沟可消失。主要由腺组织、平滑肌和结缔组织构成,有众多排泄管开口于尿道前列腺部的后壁。该腺体主要具有分泌液体、参与组成精液的作用。

3. 尿道球腺

尿道球腺位于尿道膜部后外侧,呈豌豆大小的球形器官,由排泄管开口于尿道球部。主要具有分泌液体、参与组成精液的作用。

精液:由附属腺和生殖管道的分泌物组成,内含精子,乳白色,弱碱性。一次射精 2 ~ 5ml,含精子 3 亿 ~ 5 亿个,正常活性在 80% 以上,活性低会导致男性不育。输精管结扎后,同样能射精,只是精液不含精子。

二、男性外生殖器

(一)阴　囊

阴囊位于阴茎的后下方,包括阴囊壁、阴囊中隔、被膜、提睾肌、睾丸鞘膜和鞘膜腔等结构。

(二)阴　茎

阴茎分为阴茎头、阴茎体与阴茎根三部分,主要由两个阴茎海绵体和一个尿道海绵体外包筋膜和皮肤等构成。

第二节　女性生殖系统

一、女性内生殖器

(一)卵　巢

卵巢位于盆腔内,髂内、外动脉起始部之间的夹角处,主要通过卵巢悬韧带、卵巢固有韧带固定于盆腔壁。卵巢呈扁椭圆形,为成对实质性器官,分为内外两面、上下两端、前后两缘,主要具有产生卵子,分泌女性激素的功能。

(二)输送管道

1. 输卵管

输卵管是一对细长弯曲的肌性管道,长 10 ~ 12cm,位于子宫两侧和盆腔侧壁之间,包裹在子宫阔韧带上缘内。由内侧向外侧输卵管分为输卵管子宫部、输卵管峡部、输卵管壶腹部、漏斗四部,两端为输卵管子宫口和输卵管腹腔口。

2. 子宫

成年未孕子宫呈前后略扁、倒置的鸭梨形壁厚腔小的肌性器官。子宫位于小骨盆腔的中央,在膀胱和直肠之间,下端接阴道,两侧有输卵管和卵巢,呈前倾前屈位。子宫分为子宫底、子宫体和子宫颈三部分,子宫颈下端圆细部分,内有子宫颈管,可分为子宫颈阴道上部和子宫颈阴道部。子宫壁分为内层、肌层和外层。

子宫通过子宫圆韧带、子宫阔韧带、子宫骶韧带等多条韧带固定于盆壁。子宫主要具有孕育胎儿、产生月经的功能。

3. 阴道

阴道为前后略扁的肌性管道,连接子宫和外生殖器,上端围绕子宫颈阴道部,形成环状腔隙的阴道穹,下端末端为阴道口,有处女膜，开口于阴道前庭。

阴道穹：阴道上端包绕子宫颈阴道部，两者间形成的环状腔隙，称为阴道穹。可分为前、后、左、右四部分，阴道后穹最深，与直肠子宫陷凹相邻。

二、女性外生殖器

（一）阴　阜

阴阜为耻骨联合前面的皮肤隆起，性成熟后长有阴毛。

（二）大阴唇

大阴唇是位于女阴裂两侧纵行隆起的皮肤皱襞，性成熟后长有阴毛。

（三）小阴唇

小阴唇位于大阴唇的内侧，表面光滑。

（四）阴道前庭

阴道前庭为两侧小阴唇之间的裂隙，前有尿道外口，后有阴道口。

（五）阴　蒂

阴蒂位于小阴唇前连合的后方，相当于男性的阴茎海绵体。

（六）前庭球

前庭球位于大阴唇的皮下，相当于男性的尿道海绵体。

附　女性乳房

（一）乳房的位置与形态

女性乳房位于胸前部，胸大肌、胸筋膜的表面，上起自第2～3肋，下至第6～7肋，内侧至胸骨旁线，外侧可达腋中线。乳房多呈半球形，有乳头、乳晕，富有弹性。

（二）乳房的结构

乳房由皮肤、乳腺和脂肪构成，15～20个乳腺叶，以乳头为中心，呈放射状排列。在乳房深部自胸筋膜发出结缔组织穿过乳腺小叶之间连于皮肤，称乳房悬韧带。乳腺癌早期，该韧带受侵变短，皮肤凹陷，呈橘皮样。

【学习方法】

结合生活中遇到的生理现象与疾病，参考《运动解剖学》教材相关内容学习。

【应用知识】

1. 隐睾

在胚胎时期，睾丸和附睾位于腹后壁肾的下方，随着胎龄增加，逐渐下移，穿过腹股沟管降入阴囊。出生后，如果睾丸仍未降入阴囊，称为隐睾。

2. 包茎

阴茎皮肤薄而柔软，富有伸展性，前端游离，并向后反折成阴茎包皮。若包皮过长或包茎，龟头在任何时候都不能外露，需手术切除。

3. 输精管结扎术

输精管结扎术是男性采用较多的节育手术。局部皮肤注射麻醉药后，用解剖刀把皮肤割开约半厘米的小口子，用专门的钩子在输精管的精索部把输精管挑出来剪去 1cm 左右，再把两头用丝线一扎即可。该手术只是阻断精子的输送，睾丸仍可继续产生精子和分泌雄激素，因此不影响性行为。

4. 剖宫产手术

剖宫产是指产妇不能正常经产道分娩胎儿时，需经由腹部直接从子宫中取出胎儿。剖宫产不必经历分娩阵痛，产道不会裂伤，没有难产的忧虑。剖宫产的部位一般在子宫颈与体之间相接部分，该部位在妊娠后伸长，为剖宫产手术切口处。缺点是可能会有大出血或麻醉方面的危险，比较容易因血栓造成生命危险或术后伤口感染化脓等。

5. 乳腺癌

乳腺癌是乳腺上皮细胞的恶性肿瘤，为妇女最常见的癌瘤之一，多见于绝经期前后，男性鲜见。早期症状为乳房内摸到无痛肿块，乳房悬韧带受侵变短，牵拉皮肤凹陷，呈橘皮样。正常哺乳、定期检查是有效的预防措施。

6. 围绝经期综合征

部分妇女在绝经期前后由于卵巢功能衰退而产生的一系列症状叫围绝经期综合征。常表现为阵发性忽冷忽热、脸部潮红、出汗、失眠、头晕、目眩等，并容易有情绪波动，一般过一时期后会自然消失。

7. 前列腺肥大

前列腺的部分腺体因良性增生而肥大，绝大多数发生在 50 岁以上人群。症状有尿频、排尿困难和尿潴留等，严重如影响排尿，可进行摘除手术。

【练习与思考】(第四至七章)

(一)填空题

1. 消化管自上而下的结构依次是______、______、______、______、______和______，最膨大的部位是______，食物消化和吸性的主要场所是________。

2. 胃在中等充盈时，大部分位于______，小部分位于________；胃的入口称为________，出口称为__________。

3. 舌乳头按形状可分为四种：________、________、________和________；其中，________只具有一般感觉的功能，其他三种舌乳头的上皮内含有________，可感受______觉。

4. 大唾液腺有________、________和________三对，其分泌物称为______。

5. ________是消化管最长的部分，可分为________、________和______三段。

6. 十二指肠是________管和________管的共同开口，______和______由此注入小肠。

7. 大肠可分为________、________和________三段，大肠壁具有________、________和________三个显著的结构特点。

8. 大肠壁内含有______腺，其分泌物不含______，具有______和______的功能。

9. ____是人体最大的消化腺，它大部分位于腹腔的______，小部分位于______区和______区，它的功能血管是________，营养血管是________。

10. 胰液内含有________酶、________酶和______酶，这些酶可消化分解三大营养物质。

11. 呼吸道由______、______、________、______和______组成，通常将________、______和______称为上呼吸道，______以下的部分称为下呼吸道。

12. 泌尿系统由_______、_______、______和______组成，其中____是产生尿液的器官，______是输送尿液入膀胱的管道，____是暂时贮存尿液的器官，______是尿液排出体外的通道。

13. 男性的内生殖器包括_______、_______、______、______、______和______，外生殖器包括________和________。

14. 男性的生殖腺是______，位于______内，它是产生生殖细胞即＿＿＿＿＿,并分泌＿＿＿＿＿的器官。

15. 女性的内生殖器包括＿＿＿、＿＿＿、＿＿＿和＿＿＿,其生殖腺是＿＿＿＿;它是产生生殖细胞即＿＿＿＿,并分泌＿＿＿和＿＿＿的器官。

(二)单选题

1. 下列均属于消化系统的器官是(　　)。
   A. 口腔、肺、大肠　　B. 食管、喉、肝
   C. 咽、胆囊、胃　　D. 小肠、胰、脾
2. 关于小肠的正确描述是(　　)。
   A. 分为十二指肠、空肠和盲肠三段
   B. 是人体消化和吸收的主要场所
   C. 黏膜层可分泌胆汁和胰液
   D. 是消化管最膨大的部分
3. 具有结肠带、结肠袋和肠脂垂的消化管是(　　)。
   A. 空肠　　B. 回肠　　C. 结肠　　D. 直肠
4. 关于胰的正确描述是(　　)。
   A. 分为胰头,胰体和胰尾三部分
   B. 胰头位于左侧,被十二指肠包绕
   C. 分泌胰岛素,并经胰管排入十二指肠
   D. 是人体最大的消化腺
5. 关于肺的错误描述是(　　)。
   A. 位于胸腔内,纵隔的两侧
   B. 其形态、结构的基本单位是肺泡
   C. 左肺两叶,右肺三叶
   D. 属于实质性器官
6. 肾脏(　　)。
   A. 是泌尿系统的器官
   B. 属于中空性器官
   C. 位于胸腔内,脊柱两旁

D. 位于盆腔内

7. 膀胱(　　)。

A. 是贮尿器官　　B. 位于腹膜内

C. 肌织膜为骨骼肌　　D. 居于大骨盆内

8. 男性的生殖腺是(　　)。

A. 睾丸　　B. 附睾　　C. 前列腺　　D. 精囊腺

9. 子宫(　　)。

A. 位于膀胱上方　　B. 呈三角形

C. 是女性的生殖腺　　D. 可分为底、体、颈三部分

10. 关于人体内脏器官,下列描述正确的是(　　)。

A. 肺位于胸腔的纵隔内

B. 肝脏属于中空性器官

C. 胃是消化管最膨大的部分

D. 肾左右各一、位置对称

(三)判断题

1. 咽既属于消化系统的器官,又属于呼吸系统的器官。(　　)

2. 营养物质消化和吸收的主要场所是小肠,气体交换的主要场所是肺泡。(　　)

3. 左支气管较右支气管粗短陡直,故异物易落入左支气管。(　　)

4. 尿液由泌尿系统的器官运输,故其所有器官均属于中空性器官。(　　)

5. 胃腺细胞主要有三种,虽然功能不同,但是分泌液统称胃液。(　　)

6. 细支气管与所连接的肺泡形成肺小叶,是肺的结构功能单位。(　　)

7. 肾小球是由毛细血管构成,入球端为小动脉,出球端为小静脉。(　　)

8. 肝门处有肝固有动脉与静脉、门静脉、神经及淋巴管出入。（　　）

9. 胰腺既有外分泌部，也有内分泌部，故胰液中含有多种消化酶。（　　）

10. 纵隔是两肺的纵隔胸膜之间的空间与全部器官的总称。（　　）

（四）名词解释

1. 内脏
2. 肝门
3. 鼻旁窦
4. 肺小叶
5. 肾单位
6. 纵隔
7. 胸膜
8. 腹膜

（五）问答题

1. 简述胃、肺、肝、肾的位置及主要功能。
2. 简述为什么小肠是人体消化和吸收的主要场所。
3. 简述肾的组织结构及各部的主要功能。
4. 简述肝门、肾门、肺门出入结构。

（六）思考题

1. 简述中空性器官与实质性器官结构上的明显差异。
2. 食物从外界进入消化道，经过哪些处理后形成粪便排出体外？
3. 气体进入肺之前在经过呼吸道各器官时，有哪些常见生理现象？
4. 体育运动对内脏器官具有哪些明显影响？
5. 如何将肾脏的大体结构与微细结构结合，理解尿的生成与排出？
6. 肝、肺、肾脏血液循环具有哪些特点？

【参考答案】

(一)填空题

1. 口　咽　食管　胃　小肠　大肠　胃　小肠
2. 左季肋区　腹上区　贲门　幽门
3. 丝状乳头　菌状乳头　轮廓乳头　叶状乳头　丝状乳头　味蕾　味
4. 腮腺　下颌下腺　舌下腺　唾液
5. 小肠　十二指肠　空肠　回肠
6. 胆总管　胰管　胆汁　胰液
7. 盲肠　结肠　直肠　结肠带　结肠袋　肠脂垂
8. 大肠　消化酶　润滑肠腔　有助于粪便排出
9. 肝脏　右季肋区　腹上区　左季肋区　门静脉　肝动脉
10. 胰脂肪　胰蛋白　胰淀粉
11. 鼻　咽　喉　气管　支气管　鼻　咽　喉　喉
12. 肾　输尿管　膀胱　尿道　肾　输尿管　膀胱　尿道
13. 睾丸　附睾　输精管　射精管　精囊腺　前列腺　阴囊　阴茎
14. 睾丸　阴囊　精子　雄激素
15. 卵巢　输卵管　子宫　阴道　卵巢　卵子　雌激素　孕激素

(二)单选题

题目	1	2	3	4	5	6	7	8	9	10
答案	C	B	C	A	B	A	A	A	D	C

(三)判断题

题目	1	2	3	4	5	6	7	8	9	10
答案	√	√	×	×	×	√	×	×	×	√

（四）名词解释

1. 内脏：内脏是指大多数位于胸腔、腹腔内，并借一套完整的管道与外界直接或间接相通的器官。包括消化系统、呼吸系统、泌尿系统、生殖系统。其主要功能是进行物质代谢和繁殖后代。

2. 肝门：肝门在肝的下面，H 形横沟称为肝门，是左右肝管、肝固有动脉、肝门静脉、淋巴管和神经出入肝的门户。

3. 鼻旁窦：鼻旁窦是位于鼻腔周围颅骨内的含气腔，有孔与鼻腔相通。包括上颌窦、筛窦、额窦和蝶窦，它们与鼻共同参与温暖和湿润空气并对发音起共鸣作用。

4. 肺小叶：每一细支气管及其分支，与所连的肺泡合起来，称为一个肺小叶。

6. 肾单位：肾单位是肾的结构和功能单位，可分为肾小体和肾小管两部分。肾小体包括肾小球和肾小囊，其功能是产生并收集原尿，肾小管具有重新吸收功能。

6. 纵隔：纵隔是左右两侧纵隔胸膜间全部的器官、结构与结缔组织的总称。其前界为胸骨，后界脊柱胸段，两侧为纵隔胸膜，上达胸廓上口，下至膈。纵隔内主要由心包、心脏、大血管、胸导管、气管、食管、神经和胸腺等结构组成。

7. 胸膜：胸膜是衬覆于胸壁内面、膈上面和肺表面的一层浆膜。

8. 腹膜：腹膜是覆盖于腹、盆腔壁和腹、盆腔脏器表面的浆膜。

（五）问答题

1. 简述胃、肺、肝、肾的位置及主要功能。

答案要点：

（1）胃：①位置：胃大部分位于腹腔的左季肋区，小部分位于腹上区。

②功能：储存、搅拌、消化、吸收、调节等。

（2）肺：①位置：位于胸腔内，左右各一，居于纵隔两侧。

②功能：进行气体交换。

(3)肝：①位置：大部分位于腹腔的右季肋区，小部分位于腹上区和左季肋区；

②功能：分泌胆汁；参与物质代谢；解毒；防御作用；胚胎期的造血器官。

(4)肾：①位置：位于脊柱两侧，第十一胸椎到第三腰椎之间，右肾略低；

②功能：产生尿液。

2. 简述为什么小肠是人体消化和吸收的主要场所。

答案要点：

(1)长度长：5～7m，便于进行充分的消化和吸收；

(2)面积大：有环形皱襞和小肠绒毛，增大了吸收面积；

(3)有吸收结构：乳糜管和毛细血管，可吸收三大营养物质；

(4)消化液丰富：胆汁、胰液、小肠液。

3. 简述肾的大体结构及各部主要功能。

答案要点：肾由肾窦和肾实质构成。肾窦内有肾小盏、肾大盏、肾盂、肾血管、肾淋巴管和神经等通过。肾实质包括肾皮质和肾髓质两部分。肾实质是由许多泌尿小管构成，包括肾单位和集合小管。肾单位是肾的结构和功能单位，可分为肾小体和肾小管两部分。肾小体包括肾小球和肾小囊，其功能是产生并收集原尿，肾小管具有重新吸收功能。集合小管的作用是收集并运输终尿。

4. 简述肝门、肺门、肾门出入结构。

答案要点：(1)出入肝门结构：门静脉、肝动脉、肝管、神经、淋巴等。

(2)出入肺门结构：肺动脉、肺静脉、支气管、神经、淋巴等。

(3)出入肾门结构：肾动脉、肾静脉、输尿管、神经、淋巴等。

(六)思考题

答案：略

脉　管

脉管系统包括心血管系和淋巴系，它是体内的一套封闭、连续的管道系统。脉管主要起着运输气体、营养物质、代谢产物、激素等作用，达到维持人体内环境相对稳定的作用。

第八章　心血管系统

【学习要求】

1. 掌握心血管系统的组成。
2. 掌握毛细血管、心传导系统、颈动脉窦、颈动脉小球、门静脉的概念。
3. 掌握心脏的位置、心壁构造、营养心脏的动脉。
4. 熟悉防止血液倒流结构及血液在心脏内定向流动的机制。
5. 熟悉体循环动脉的主要分支及分布。
6. 熟悉三大静脉系统的主要收集范围。
7. 熟悉动脉与静脉血管壁结构的主要区别。
8. 熟悉体循环与肺循环的途径与功能。

【学习内容】

第一节　心血管系统概述

一、心血管系统的组成

心血管系统由心脏、动脉、静脉和毛细血管组成。

（一）心脏概述

心脏为中空性肌性器官，分为左右心房与左右心室，同侧的心房与心室相通，左右心房之间、左右心室之间均不相通。心脏主要由具有节律收缩与舒张的心肌组成，是血液循环的动力器官。

（二）动脉与静脉概况

引血出心的血管为动脉，可简化表达为“A”。导血回心的血管为静脉，可简化表达为“V”。动脉与静脉的血管壁均为三层结构：内膜薄而光滑，有利于血液流动；中膜最厚，有利于承受血压，推动血液流动；外膜主要起到保护血管的作用。

静脉的内膜折叠形成丰富的静脉瓣，具有防止血液逆流的作用。大动脉的中膜有丰富的弹力纤维有利于承受较大的血压，中、小动脉以平滑肌为主，是血管收缩的动力来源。

动脉由心室发出，越分越细，称为分支，末端移行为毛细血管。静脉起于毛细血管，越合越粗，称为属支。动脉与静脉管壁结构相似，见表8－1。

表8－1　同型动脉与静脉比较

血管	内膜	中膜	外膜	功能
动脉	内皮细胞	厚，平滑肌、弹力纤维	薄，纤维膜	存储能量
静脉	内皮细胞 形成瓣膜	薄，平滑肌、弹力纤维	厚，纤维膜	容纳血液

(三)毛细血管概念

毛细血管连于小动脉与小静脉之间,吻合成网,由一层内皮细胞构成,通透性较好,是气体、物质交换的场所。

二、血液循环途径

血液从心室射出,经动脉、毛细血管、静脉回到心房,循环不止。根据循环途径、功能不同,可分成体循环(大循环)和肺循环(小循环)两部分,两种循环同时进行。

(一)体循环

1. 途径

体循环的途径:左心室→主 A 及其分支→全身毛细血管网→各级 V 属支→上、下腔 V→右心房。

2. 功能

体循环的功能:主要将含氧浓度较高和营养物质丰富的动脉血输送到全身各处,并将二氧化碳、代谢产物带回心脏。

(二)肺循环

1. 途径

肺循环的途径:右心室→肺 A 及其分支→肺泡周围的毛细血管网→各级 V 属支→肺 V→左心房。

2. 功能

肺循环的功能:主要将含二氧化碳浓度较高的静脉血输送到肺排出,并将氧气带回心脏。

第二节　心　脏

一、心脏的位置与外形

心脏位于胸腔的纵隔内，约 2/3 位于身体正中线的左侧，1/3 位于正中线的右侧。倒置圆锥形，大小约与本人的拳头相似，可分为一尖、一底、两面、三缘。

二、心脏各腔形态结构

由房间隔与室间隔将心脏分为左、右半心，每半心的心房与心室之间通过房室口相通，在房室口上有一套防止血液从心室逆流进入心房的装置，因此血液只能流入主动脉与肺动脉。在主动脉口与肺动脉口上也有防止血液逆流入心室的结构，防止血液从主动脉与肺动脉逆流进入心室，因此血液只能朝向动脉远端流动。

（一）心脏各腔出入口及特殊结构

心脏各腔出入口及特殊结构见表 8－2。

表 8－2　心脏各腔出入口及特殊结构

心脏分部		入口	出口	防血逆流结构
右半心	右心房	上、下腔静脉口、冠状窦口	右房室口	—
	右心室	右房室口	肺动脉口	三尖瓣、肺动脉瓣纤维环、腱索、乳头肌
左半心	左心房	左、右肺静脉口	左房室口	—
	左心室	左房室口	主动脉口	二尖瓣、主动脉瓣纤维环、腱索、乳头肌

（二）心脏内血液流动方向

1. 正常方向

心脏内血液流动正常方向：静脉→心房→心室→动脉。

2. 逆流方向

心脏内血液逆流方向：动脉→心室→心房→静脉。

3. 定向流动机制

心脏内有一系列装置，即“纤维环、瓣膜（包括房室瓣与动脉瓣）、腱索、乳头肌”，它们功能上相互配合，具有防止血液逆流的功能。

以右半心为例：当心室收缩时，推动血液使三尖瓣相互对合，封闭房室口，由于乳头肌的收缩，腱索的牵拉，三尖瓣不会翻向心房，防止血液进入心房。当心室舒张时，由于肺动脉弹性回缩的力量使血液进入肺动脉瓣，封闭肺动脉口，从而防止肺动脉内的血液逆流回右心室。

三、心壁构造

心脏为中空性器官，由内向外心房壁与心室壁均有三层结构。

（一）心内膜

心内膜为衬在心腔内表面的一层内皮细胞，在房室口与动脉口处折叠形成瓣膜，瓣膜内含少量结缔组织。

（二）心肌层

心肌为心壁的主要部分，分为心房肌与心室肌。心房肌分两层，较薄弱，心室肌分三层，较肥厚，左心室尤为发达。心室肌与心房肌互不连续，故心房肌与心室肌可交替收缩和舒张。

(三)心外膜

心外膜被覆于心肌表面,为浆膜性心包的脏层,分泌少量浆液,减少心脏搏动时与其他器官之间的摩擦。

四、心传导系统

心传导系统位于心壁内,由特殊分化的心肌细胞构成,具有产生兴奋和传递冲动,以维持心脏的正常节律,并使心房肌与心室肌的收缩相互协调等功能。包括窦房结、房室结、房室束及其分支,其中窦房结为心脏节律的正常起搏点。

五、心脏的血管

(一)动　脉

营养心脏的左、右冠状动脉发自于主动脉根部,其中左冠状动脉主要营养左半心,右冠状动脉主要营养右半心。

(二)静　脉

由心脏的毛细血管逐渐汇集成心大静脉、心中静脉、心小静脉,收集心脏的静脉血,经冠状窦注入右心房。

六、心脏的神经

分布于心脏的神经起着调节心脏节律的作用,它们与心传导系统共同配合,既保证心脏有稳定的收缩节律,也使心脏在受到刺激时,能够产生一定节律变化。

交感神经:增加心传导系统中窦房结发放冲动频率,使心跳加强加快,收缩力增强,冠状动脉扩张,心脏的供血能力提高。

副交感神经：抑制心传导系统的房室传导，使心跳减弱减慢，冠状动脉收缩，心脏供血能力减弱。

感觉神经：传导痛觉、压力和牵张等感觉。

七、心　包

心包即包裹心脏和出入心脏的大血管根部的纤维浆膜囊。分为外层的纤维性心包和内层的浆膜性心包。浆膜性心包分为脏、壁两层，两层之间腔隙为心包腔，内有少量浆液。心包主要具有保护、防止心脏过度舒张等作用。

第三节　动　脉

由于动脉血压高，血流速度快，损伤后危险性大，故在分布上一般多位于人体的深部、肢体屈侧等较为隐蔽的部位。在分支上一般也以最短的距离到达所支配的器官。管径大小与所分布的器官的结构、功能相适应，多数呈对称性分支与分布。

一、肺循环动脉

肺动脉起自右心室，短而粗，向上至主动脉弓下分为左、右肺动脉，经肺门入肺，在肺内逐级分支，最后形成毛细血管网，分布于肺泡壁周围，与之进行气体交换。

二、体循环动脉

（一）体循环动脉主要分支与分布

从左心室发出的血管为主动脉，根据行程，可分为主动脉升部、主动脉弓和主动脉胸部、主动脉腹部，见表 8－3。

表8-3 主动脉干和它的主要分支分布简表

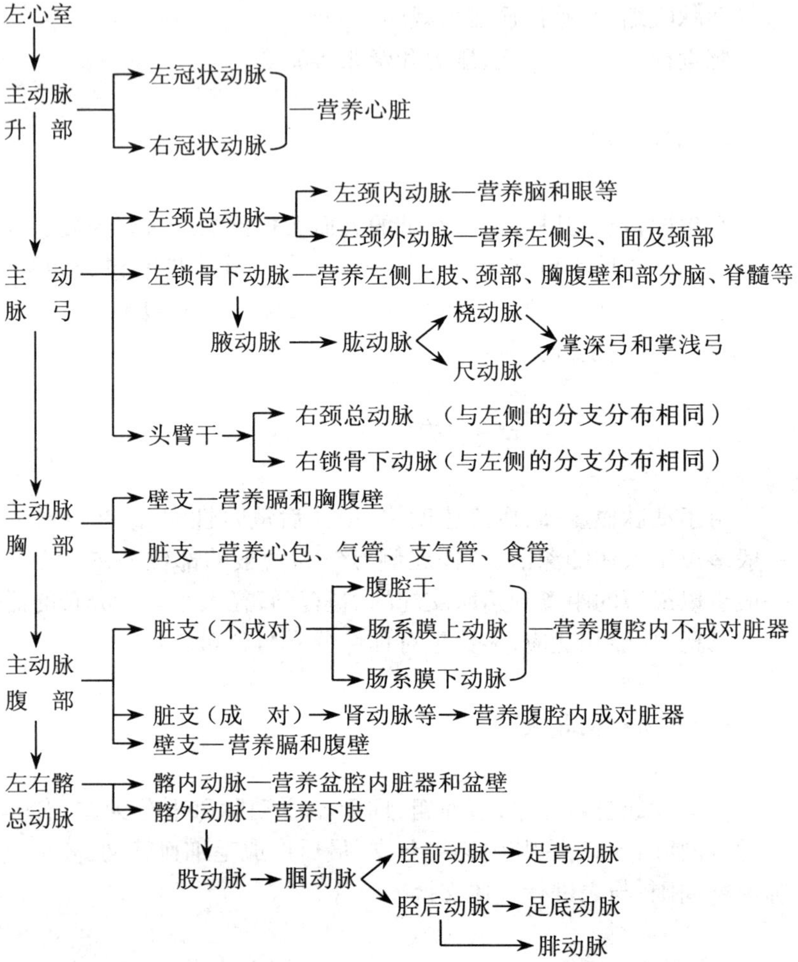

(二)颈动脉窦与颈动脉小球

1. 颈动脉窦

颈内动脉起始处较为膨大,血管壁内有特殊感觉神经末梢,属于压力感受器。

颈动脉窦壁内的神经末梢能将血管壁接受的血压变化刺激传

导至神经中枢，经过综合分析后，传出神经冲动，使心跳减弱减慢、冠状动脉收缩，末梢血管扩张，从而达到降低血压的作用。

2. 颈动脉小球

颈动脉小球位于颈内、外动脉分叉处的后方，呈小结节状结构，感受血液中二氧化碳浓度的变化，属于化学感受器。

颈动脉小球中的神经末梢将血液中二氧化碳浓度升高的刺激传导至神经中枢，经过综合分析后，传出神经冲动，使呼吸加深加快，从而排出二氧化碳。

第四节　静　脉

由于静脉的血压低，血流速度慢，为了保证回心血量与出心血量保持动态平衡，血管数量大大增加，故有浅静脉与深静脉之分，且在四肢部往往是两条深静脉与一条动脉伴行。

一、肺循环的静脉

肺静脉起于肺泡壁毛细血管网，逐级汇合，最后形成左右各两条肺静脉，出肺门，注入左心房。

二、体循环的静脉

体循环包括上腔静脉系、下腔静脉系和心静脉系，分别注入右心房，见表 8 – 4。

（一）上腔静脉系

上腔静脉系由收集头颈、上肢、胸壁和部分胸腔脏器的静脉汇合而成。

表8-4 体循环主要静脉及其属支

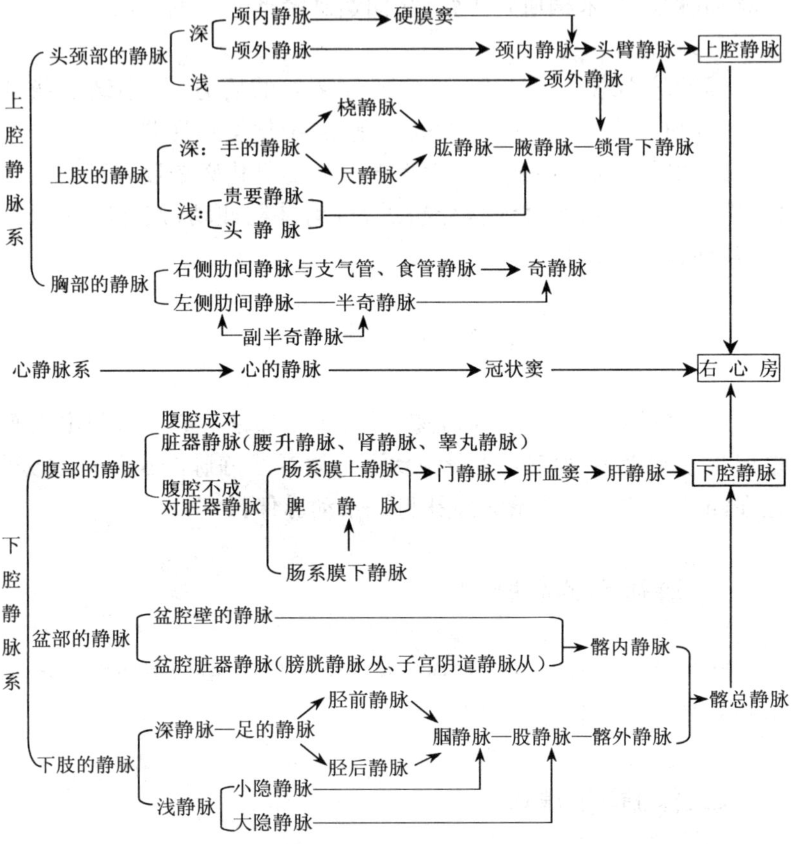

（二）下腔静脉

下腔静脉系由腹部、盆部和下肢的静脉汇合而成，主要收集腹部、盆部、下肢的静脉血回流心脏，其中包括门静脉。

门静脉：由肠系膜上静脉、脾静脉汇合形成，进入肝脏后逐级分支，汇入肝血窦（毛细血管网），继而再汇合形成肝静脉，注入下腔静脉。门静脉收集腹腔内不成对器官的静脉血，如胃肠、胆囊、胰腺等，其作用是将小肠吸收的营养物质送到肝脏加工处理，是肝脏的功能血管。

第五节 体育锻炼对心血管系统的影响

长期坚持适宜的体育运动对心血管有明显的良好影响已经得到很多研究成果的确认，主要表现在以下方面。

一、对心脏的影响

(一)外形影响

明显导致心脏外形增大、心室壁增厚，心肌相对重量和绝对重量增加，即“运动员心脏”。

(二)细胞影响

引起心肌细胞体积增大，心肌纤维直径增粗，线粒体与肌原纤维的比值增加。

(三)血管影响

心肌纤维之间毛细血管数密度、吻合度、弯曲度等均有增加。这些变化实质上提高了心肌细胞能量转换的能力、氧化代谢功能、运输物质的能力，使心脏功能得到了增强。

(四)激素影响

提高心的内分泌功能，主要表现在心房肽和心钠素水平的提高，进而提高调节和缓冲运动中血压改变，增加冠状动脉血流量，改善心脏营养，增强心功能与代谢、调节水与电解质平衡及交感神经兴奋性，维持机体内环境相对稳定。

二、对血管的影响

(一)动脉影响

使动脉管壁中弹性纤维和平滑肌增厚,血管弹性增强,搏动有力,有利于血液流动。

(二)毛细血管影响

改变毛细血管在器官内的分布和数量,如使开放数量与新生血管增多、口径增大、容积表面积增大、行程迂曲、分支吻合增多。这些现象在骨骼肌、心肌、脑组织中表现比较明显。

【学习方法】

1. 体循环与肺循环概念

注意把握两种循环的主要差异。体循环起于左心室,止于右心房,行程长,范围广,其功能是将动脉血变静脉血;肺循环起于右心室,止于左心房,行程短,仅到肺,其功能是将静脉血变动脉血。

2. 动脉与静脉的区别

运送血液离心的血管为动脉,引导血液回心的血管为静脉。一般动脉内为富氧血,静脉内为乏氧血,但肺动脉内为乏氧血,肺静脉内为富氧血。参见表8-1,用比较的方法学习同型动脉与静脉管壁结构与功能差异。

3. 血液在心脏内定向流动机理

以右半心为例,理解血液在心脏内定向流动的原理,左半心原理相同。将纤维环、瓣膜、腱索、乳头肌视为心脏内防止血液倒流装置的有机整体。

4. 心壁构造

对比心房壁与心室壁构造上的不同,注意心房肌与心室肌互不连续，左心室最厚等特点，结合心房与心室、左心室与右心室在射血距离长短、射血时间先后等方面的差异，理解心壁构造。

5. 心率的产生与调控

心脏正常节律的产生取决于心传导系统的功能，心脏节律的变化与支配心脏的神经调控有关。

6. 体循环动脉分支与分布

参考表8－3，按照头颈、上肢、胸部、腹部、盆部、下肢的顺序，遵循“就近分支、对称性、隐蔽性”等原则，注意把握四肢较大肌肉的动脉分支，注意用箭头方式表达。

7. 颈动脉窦与颈动脉小球概念

两个结构均属于人体的内感受器，需将其与神经系统联系起来，才能理解在调节体内血压、二氧化碳浓度等方面的功能。

8. 门静脉概念

门静脉虽然属于下腔静脉系，但又有相对的独立性。小肠吸收的物质，经肠系膜上、下静脉，汇入门静脉，进入肝脏，继续分支，汇入肝内毛细血管网，再汇合形成肝静脉，最后汇入下腔静脉。

【应用知识】

1. 血管瘤

血管瘤大部分是一种先天性的良性肿瘤，多为血管壁弹性减弱后，局部扩大或膨出而形成，常发生于皮肤、皮下，其次为内脏。按其结构可分为毛细血管瘤、海绵状血管瘤和蔓状血管瘤三类。

2. 动脉硬化

动脉硬化即动脉血管壁增厚，失去弹性而变僵硬，可分为动脉粥样硬化、动脉中层硬化和小动脉硬化三种，最常见的是中年以后动脉粥样硬化。早期病变是由于胆固醇和其他脂质沉积于动脉内膜中层而致。动脉硬化可引起管腔狭窄、血栓形成，甚至闭塞，从而使有关器官发生血供障碍。

3. 静脉曲张

静脉曲张是静脉扩张、伸长、弯曲的总称，多由血流不畅、静脉压增高、静脉管壁薄弱、静脉瓣缺损等因素引起此病。常见于下肢、食管、胃底、精索及肛管等处，是静脉系统最常见的疾病。患者初期常有患肢沉重、胀痛、易疲劳，休息后可缓解等现象。病程长者小腿下端、踝部皮肤有色素沉着、瘙痒、湿疹等表现，部分患者还可并发血栓静脉炎，局部呈红肿硬块、压痛等症状。

4. 窦性心律不齐

正常窦性心律的冲动起源于窦房结，频率为60～100次/分。成人窦性心律的频率超过100次/分，称为窦性心动过速，低于60次/分，称为窦性心动过缓。

5. 心肌炎

心肌炎是由风湿病、白喉、病毒等感染或药物中毒等所引起的心肌炎症。患者有乏力、心悸、气喘、心前区闷痛等症状，严重时可发生心律失常、心脏增大、心力衰竭等情况。

6. 二尖瓣狭窄

二尖瓣狭窄是最常见的心瓣膜病，多由风湿病引起。左心室舒张时二尖瓣不能完全开放，因此左心房的血不能顺利流入左心室，逐渐发生左心房增大、肺部瘀血和右心室肥大，引起心悸、气喘、咳嗽、咯血等现象，严重者可发生心力衰竭。

7. 冠心病

冠心病是常见的心脏病，由冠状动脉血液供应不足引起。病因主要是冠状动脉粥样硬化。症状有心绞痛、心肌梗死、心律失常和心力衰竭等。

8. 心绞痛

心绞痛由于暂时性心肌缺血所引起，常在饭后、情绪紧张或劳动时发生。主要症状为胸骨后部疼痛或压缩感觉，持续时间数秒至数分钟，可放射到左肩或左臂。不适症状在休息或服硝酸甘油后可缓解。

9. 动脉搭桥术

动脉搭桥术又叫冠状动脉搭桥术或冠状动脉旁路移植术，是以取自健康动脉或静脉的血管移植在一条或多条阻滞的冠状动脉周围建立旁路的手术。

10. 椎动脉型颈椎病

椎动脉型颈椎病是颈椎骨性病变及瘢痕压迫，椎动脉本身病变，软组织损伤造成交感神经受挤压，继发性椎动脉痉挛等原因导致椎动脉受压迫或刺激而引起其供血不足所致。发病后特点为对脑力的影响明显大于对体力的影响，是颈椎病中最为复杂的一种类型。

11. 高血压

高血压是指在静息状态下动脉收缩压或舒张压增高（> =140/90mmHg），常伴有脂肪和糖代谢紊乱以及心、脑、肾和视网膜等器官功能性或器质性改变的全身性疾病。高血压的症状因人而异，早期可能无症状或症状不明显，仅仅会在劳累、精神紧张、情绪波动后发生血压升高，并在休息后恢复正常；随着病程延长，血压明显地持续升高，逐渐会出现头痛、头晕、注意力不集中、记忆力减退、肢体麻木、夜尿增多、心悸、胸闷、乏力等症状。

12. 测量血压与脉搏的部位

在肘窝稍上部，肱二头肌腱内侧可以摸到肱动脉搏动，是测量血压时的听诊部位。在桡骨下端前面，桡侧腕屈肌腱的桡侧，可以摸到桡动脉的搏动，为临床上最为常用的切脉部位。

13. 门静脉高压症

静脉血流压力超过正常数值（80 ~ 180mmHg）称门静脉高压症。可由各种原因造成急性或慢性、肝内或肝外的门静脉梗阻所引起。最常见的病因是肝硬化，主要表现有腹壁静脉曲张、脾肿大、食管或胃底静脉曲张、腹水等。食管和胃底静脉曲张易破裂而引起上消化道大量出血。

14. 主要压迫止血部位

主要压迫止血部位见表 8 – 5。

表 8-5 人体某些动脉的体表投影、压迫部位和止血范围

动脉名称	体表投影	压迫部位	止血范围
颈总动脉 颈外动脉	自胸锁关节至耳屏稍前下方作一连线，甲状软骨上缘以上示颈外动脉，以下示颈总动脉	喉环状软骨弓两侧，向内后方第6颈椎横突上压迫颈总动脉	一侧头面部
面动脉		下颌骨体表面、咬肌前缘处，向下颌骨压迫	面颊部
颞浅动脉		颞骨压迫	头部外侧
锁骨下动脉	从胸锁关节上缘至锁骨中点划一凸向上的线（最凸处在1.5cm）	锁骨中点上方1~2指处，向后下方第1肋骨压迫	全上肢
肱动脉	上肢外展，掌心朝上，从锁骨中点至髁间线（肱骨内、外上髁间的连线）中点稍下方连一线，大圆肌下缘以上示腋动脉以下示肱动脉	肱二头肌内侧沟，向肱骨压迫	压迫点以下的上肢
股动脉	大腿外展、外旋，自腹股沟中点至收肌结节连一线，此线的上2/3	腹股沟中点，向深部耻骨上支压迫	全下肢
腘动脉		腘窝加垫，屈膝包扎	小腿和足部
胫前动脉 足背动脉	从胫骨粗隆与腓骨小头连线的中点起，经内、外踝之间至第1跖骨间隙近侧部作一连线，踝关节以上示胫前动脉，以下示足背动脉	内、外踝连线的中点向深部压迫足背动脉	足部
胫后动脉	自腘窝中点稍下方至内踝跟骨结节之间的中点连线	内踝和跟结节之间向深部压迫	足部

第九章　淋巴系统

【学习要求】

1. 掌握淋巴系统的组成。
2. 掌握淋巴导管名称、收纳范围。
3. 熟悉淋巴管的分类、结构与分布。
4. 熟悉淋巴结与脾的位置、结构与功能。

【学习内容】

一、组成及主要功能

- 淋巴系统
  - 淋巴管
    - 毛细淋巴管:物质交换场所
    - 淋巴管:运输淋巴液
    - 淋巴干:运输淋巴液
    - 淋巴导管:运输淋巴液,并注入静脉系统
  - 淋巴器官
    - 扁桃体:免疫
    - 淋巴结:免疫,过滤淋巴液
    - 脾:免疫,储存血液
    - 胸腺:免疫

二、淋巴液的生成

血液流经动脉运行到毛细血管时,部分液体经毛细血管滤出,进入组织间隙,形成组织液。组织液与组织进行物质交换后,大部分被毛细血管吸收进入静脉,小部分进入毛细淋巴管成为淋巴液。淋巴液沿淋巴管向心流动,最后注入静脉。

第一节 淋巴管道

一、毛细淋巴管

毛细淋巴管为淋巴管的起始部,以膨大盲端起自组织间隙,分布广泛,为单层内皮细胞构成,通透性大于毛细血管,蛋白质、细菌、异物、癌细胞、脂肪酸等大分子物质易透过。

二、淋巴管

淋巴管由毛细淋巴管汇合而成,管壁内膜形成丰富的瓣膜,分浅、深淋巴管。淋巴管与淋巴结串联,进入淋巴结的为输入管,数量多,穿出淋巴结的为输出管,数量减少。

三、淋巴干

淋巴干是浅、深淋巴管汇合形成的淋巴管群,分别收集身体各部分的淋巴液,人体主要有下列九条淋巴干。

1. 左、右颈干:收集左、右侧头颈部淋巴液。
2. 左、右锁骨下干:收集左、右上肢淋巴液。
3. 左、右支气管纵隔干:收集左、右侧胸部淋巴液。
4. 左、右腰干:收集左、右下肢、腹部、盆部成对脏器淋巴液。
5. 肠干:收集腹腔内不成对脏器淋巴液。

四、淋巴导管

人体有两条淋巴导管,但是名称、收集范围、注入静脉的部位均不相同。

1. 胸导管

在第 1 腰椎体前，左、右腰干预肠干汇合形成胸导管。胸导管穿膈肌的主动脉裂孔进入胸腔，沿脊柱右前方上行，最终出胸廓上口注入左颈静脉角。在注入左颈静脉角之前，还有左颈干、左支气管纵隔干、左锁骨下干三条淋巴干汇入。胸导管总长 30 ~ 40cm，主要收集下肢、腹部、左侧上半身的淋巴液，即全身的 3/4 淋巴液。

2. 右淋巴导管

右淋巴导管由右颈干、右支气管纵隔干和右锁骨下干汇合形成右淋巴导管。右淋巴导管长约 1.5cm，收集右侧上半身的淋巴液，即全身的 1/4 淋巴液，注入右颈静脉角。

第二节　淋巴器官

淋巴器官主要由淋巴组织构成，是机体免疫系统中产生各种淋巴细胞和引起免疫反应的重要结构。主要包括淋巴结、扁桃体、脾和胸腺。

一、淋巴结

淋巴结多呈圆形或椭圆形，一侧隆凸，有输入淋巴管进入，一侧凹陷，有输出淋巴管穿出。淋巴结多聚集成群，有浅、深之分，位于身体较为隐蔽部位，如腋窝、腹股沟区等。淋巴结主要具有过滤淋巴细胞，阻截、清除淋巴液中有害物质的功能。

二、脾

脾位于左季肋区，平对第 9 ~ 11 肋，长轴与第 10 肋一致，略呈椭圆形，外形分两面、两端和两缘。脾主要具有造血、储血、滤血、清除衰老红细胞，参与机体免疫反应等功能。

【学习方法】

1. 淋巴管

比较毛细血管与毛细淋巴管的异同;比较淋巴管与静脉在位置、结构、主要功能等方面的异同。

2. 淋巴导管

比较胸导管与右淋巴导管的收集范围、注入部位等差异。

3. 淋巴器官

比较淋巴结与脾的结构与功能异同。

【应用知识】

1. 扁桃体炎

扁桃体炎常见于青少年,多发生在受凉或过分疲劳之后。急性期扁桃红肿、有黄白色渗出物,并有发热、咽痛等症状。若患者经常多次发作,易转为慢性,应考虑进行手术摘除,否则可能引起风湿热和肾炎等疾病。

2. 脾肿大

在左肋缘下能扪到的脾属脾肿大,有左季肋部发胀、闷痛等症状。脾肿大程度根据病因、病程等而不同,导致脾肿大的原因主要有寄生虫病、肝硬化、白血病、淋巴瘤等。

【练习与思考】(第八至九章)

(一)填空题

1. 脉管系统包括________系统和________系统,它是体内一套封闭的连续的管道系统,遍布全身,________和________在管道内循环流动。

2. 心血管系统由________、________、______和______组成。

3. 心脏有四个腔室,即__________、__________、__________和__________。

4. 心脏内防止血液倒流的瓣膜为______、________、________和________。

5. 心壁由外向内的三层结构是__________、__________和

________。

6. 营养心脏的血管是________；与左心室相连的血管是__________，与右心房相连的血管是__________。

7. 心传导系统位于________内，由特殊分化的__________组成，其功能是产生并传导______，心传导系统包括______、______、______及其______组成。

8. 主动脉由____发出，根据行程，可分______、___、______和______四段。

9. 主动脉弓从右至左发出三条较大分支，依次为__________、______和______。

10. 颈内动脉从______动脉发出后，上行进入______腔，主要营养__________。

11. 髂外动脉从________动脉发出后沿腰大肌内侧缘下降，经________中点的深面至股前部，移行为________动脉。

12. 与左心室相连的血管是______，属于______循环的血管；与左心房相连的血管是______，属于______循环的血管。

13. 体循环静脉包括__________静脉系、__________静脉系和________静脉系。

14. 上腔静脉由________、________和________部位的静脉汇合而成；下腔静脉由________、________和______部位的静脉汇合而成。

15. 淋巴系统包括________和________，其中________是最大的淋巴器官。

（二）单选题

1. 下列关于心脏的错误描述是（　　）。

A. 位于胸腔内

B. 是心血管系统的动力器官

C. 主要由心肌构成

D. 有四个腔室，均有孔相互连通

2. 心壁的构造(　　)。
A. 由平滑肌构成肌层
B. 分为肌层和外膜两层
C. 内膜形成防止血液倒流的瓣膜
D. 各部分结构相同
3. 静脉(　　)。
A. 里面流动的血液均是静脉血
B. 管径小,管壁薄
C. 是引导血液回心脏的血管
D. 是与心室相连的血管
4. 关于毛细血管的错误描述是(　　)。
A. 是与心室相连的血管
B. 管壁由一层内皮细胞构成
C. 互相连接吻合成网
D. 是物质交换的场所
5. 下列不属于体循环的血管是(　　)。
A. 肺动脉　　B. 主动脉　　C. 门静脉　　D. 髂总动脉
6. 肝脏的功能血管是(　　)。
A. 肝动脉　　B. 肝静脉　　C. 门静脉　　D. 门动脉
7. 冠状动脉(　　)。
A. 是营养脑的动脉　　B. 从主动脉弓发出
C. 营养心脏的动脉　　D. 二氧化碳含量高
8. 可在体表摸到搏动的动脉是(　　)。
A. 椎动脉　　B. 桡动脉　　C. 腋动脉　　D. 肺动脉
9. 上腔静脉系(　　)。
A. 由头颈、上肢、胸壁和部分胸腔脏器的静脉汇合而成
B. 由头颈、上肢和心脏的静脉汇合而成
C. 由上肢、下肢和心脏的静脉汇合而成
D. 由上肢、胸部和腹部的静脉汇合而成
10. 关于淋巴管的错误描述是(　　)。

A. 其结构与动脉相似

B. 管壁较薄,管内有瓣膜

C. 在其行程中,通常要经过一个或多个淋巴结

D. 深部淋巴管多与深部血管伴行

（三）判断题

1. 脉管系包括心血管系和淋巴系,它们都是封闭而连续的管道系统。 ( )

2. 左心室发出主动脉,右心室发出肺动脉。 ( )

3. 动脉是指由心室发出的血管,其特点是管壁薄、管腔大,有瓣膜。 ( )

4. 人体动脉中流动着的均是动脉血,静脉中流动着的均是静脉血。 ( )

5. 肺循环起自右心室终止于左心房,主要功能是进行气体交换。 ( )

6. 在肘窝肱二头肌腱外侧是测量血压时的听诊部位。 ( )

7. 颈动脉小球属于人体的内感受器,与血压调节有关。 ( )

8. 体循环的静脉包括上腔静脉系、下腔静脉系和心静脉系。 ( )

9. 门静脉是进入肝门的血管,收集腹腔内全部器官静脉血。 ( )

10. 胸导管、右淋巴导管分别搜集身体左、右侧半的淋巴液。 ( )

（四）名词解释

1. 动脉

2. 静脉

3. 毛细血管

4. 心传导系

5. 颈动脉窦

6. 颈动脉小球

7. 肝门静脉

8. 胸导管

（五）问答题

1. 简述血液在心脏内定向流动的装置及机理。
2. 简述肺循环和体循环的途径、特点和功能。
3. 简述外界营养物质进入右手的途径（箭头表示）。
4. 简述外界氧气运送到小腿三头肌的途径（箭头表示）。
5. 简述肱二头肌代谢产生的二氧化碳经呼吸系统排出体外的途径（箭头表示）。
6. 简述股四头肌的代谢产物经泌尿系统排出体外的途径（箭头表示）。

（六）思考题

1. 循环系统与消化系统、呼吸系统、泌尿系统联系的部位与结构是什么？
2. 比较肝、肺、肾的血液循环特点。
3. 试述动脉与静脉的主要区别。
4. 简述淋巴系统与心血管系统的关系。
5. 体育运动对心血管系统有哪些影响？

【参考答案】

（一）填空题

1. 心血管　淋巴　血液　淋巴液
2. 心脏　动脉　静脉　毛细血管
3. 左心房　左心室　右心房　右心室
4. 二尖瓣　三尖瓣　主动脉瓣　肺动脉瓣
5. 心外膜　心肌层　心内膜
6. 左右冠状动脉　主动脉　上、下腔静脉
7. 心壁　心肌细胞　冲动　窦房结　房室结　房室束　分支
8. 左心室　主动脉升部　主动脉弓　主动脉胸部　主动脉腹部

9. 头臂干　左颈总动脉　左锁骨下动脉

10. 颈总动脉　颅　大脑的前部和眼

11. 髂总　腹股沟韧带　股

12. 主动脉　体　肺静脉　肺

13. 上腔　下腔　心

14. 头颈　上肢　胸壁和部分胸腔脏器的静脉　腹部　盆部　下肢

15. 淋巴管　淋巴器官　脾

（二）单选题

题目	1	2	3	4	5	6	7	8	9	10
答案	D	C	C	A	A	C	C	B	A	A

（三）判断题

题目	1	2	3	4	5	6	7	8	9	10
答案	√	√	×	×	√	×	×	√	×	×

（四）名词解释

1. 动脉：动脉是由心室发出的血管，在行程中发出分支，越分越细，最后移形为毛细血管。

2. 静脉：静脉是引导血液流回心房的血管。小静脉起于毛细血管，在回心过程中逐渐汇合成中静脉、大静脉，最后注入心房。

3. 毛细血管：毛细血管是极微细的血管，连于小动脉与小静脉之间，互相连通吻合成网。管壁最薄，主要由一层内皮细胞构成，其物质交换的场所。

4. 心传导系：心传导系位于心壁内，由特殊分化的心肌细胞组成，其功能是产生并传导冲动，维持心脏收缩的正常节律。包括窦房结、房室结、房室束及其分支。

5. 颈动脉窦：颈动脉窦为颈内动脉起始处的膨大部分，其壁内有特殊的感觉神经末梢，属于压力感受器，能感受血压的变化。

6. 颈动脉小球：颈动脉小球位于颈内、外动脉分叉处的后方，为一扁椭圆形小体，属于化学感受器，能感受血液中二氧化碳浓度的变化。

7. 门静脉：门静脉为一粗短的静脉干，由肠系膜上静脉和脾静脉汇合而成，经肝门入肝，在肝内反复分支后汇入肝血窦，然后汇入肝静脉注入下腔静脉。门静脉是肝的功能血管，它收集腹腔内胃、肠、胰、胆囊和脾的静脉血，主要功能是将小肠吸收的营养物质送到肝脏内进行加工处理。

8. 胸导管：胸导管是全身最粗大的淋巴导管。起自乳糜池，经主动脉裂孔入胸腔，沿脊柱上行至颈根部，最后汇入左静脉角。胸导管由左右腰干、肠干、左颈干、左锁骨下干和左支气管纵隔干组成。收集双下肢、盆部、腹部、左胸部、左上肢和左头颈部的淋巴。

（五）问答题

1. 简述血液在心脏内定向流动的装置及原理。

答案要点：

（1）保证血液在心脏内定向流动的装置是：二尖瓣、三尖瓣、主动脉瓣、肺动脉瓣。

（2）原理：当心室收缩时：二尖瓣和三尖瓣关闭，主动脉瓣和肺动脉瓣开放，血液离心；当心室舒张时：主动脉瓣和肺动脉瓣关闭，二尖瓣和三尖瓣开放，血液回心。

2. 简述体循环和肺循环的途径、特点和功能。

答案要点：（1）体循环

途径：左心室→主动脉→全身各处毛细血管→上、下腔静脉→右心房

特点：行程长，范围广，营养全身。

功能：进行物质交换。

(2)肺循环

途径:右心室→肺动脉→肺泡周围毛细血管→肺静脉→左心房

特点:行程短,只到肺。

功能:进行气体交换。

3. 简述外界营养物质进入右手的途径。

答案要点:

营养物质→口→咽→食管→胃→小肠→小肠绒毛内毛细血管→门静脉→肝脏→肝静脉→下腔静脉→右心房→右心室→肺循环→左心房→左心室→主动脉升部→主动脉弓→头臂干→右锁骨下动脉→右腋动脉→右肱动脉→右桡、尺动脉→右掌深弓和掌浅弓→右手

4. 简述外界氧气运送到小腿三头肌的途径。

答案要点:

氧气→鼻→咽→喉→气管→支气管→肺→肺泡周围毛细血管网→肺静脉→左心房→左心室→主动脉升部→主动脉弓→主动脉胸部→主动脉腹部→髂总动脉→髂外动脉→股动脉→腘动脉→胫后动脉→小腿三头肌

5. 简述肱二头肌代谢产生的二氧化碳经呼吸系统排出体外的途径。

答案要点:

二氧化碳→肱静脉→锁骨下静脉→头臂静脉→上腔静脉→右心房→右心室→肺动脉→肺泡周围毛细血管网→肺泡→支气管→气管→喉→咽→鼻→体外

6. 简述股四头肌的代谢产物经泌尿系统排出体外的途径。

答案要点:

代谢产物→股静脉→髂外静脉→髂总静脉→下腔静脉→右心房→右心室→肺循环→左心室→主动脉升部→主动脉弓→主动脉胸部→主动脉腹部→肾动脉→肾脏→输尿管→膀胱→尿道→体外

(六)思考题

答案:略

感觉器官

一、感觉器官

感觉器官是机体感受体内外各种刺激的装置，由感受器及其附属器官构成。

二、感受器

感受器是感受机体内、外环境刺激并将刺激转换为神经冲动的结构。根据感受器的位置、功能不同，可分为外感受器、内感受器、本体感受器和特殊感受器。

第十章　视器——眼

【学习要求】

1. 掌握眼球折光装置的组成。
2. 掌握视细胞的分类及主要功能。
3. 熟悉眼球壁的结构。

【学习内容】

第一节　眼　球

眼球是视器的主要部分，呈前部稍凸的球形，位于眼眶内，其组成见表10－1。

表10－1　眼球的组成

- 眼球
  - 眼球壁
    - 外膜（纤维膜）
      - 角膜
      - 巩膜
    - 中膜（血管膜）
      - 虹膜
      - 睫状体
      - 脉络膜
    - 内膜（视网膜）
      - 盲膜
        - 虹膜部
        - 睫状体部
      - 视部
  - 折光装置
    - 角膜
    - 房水
    - 晶状体
    - 玻璃体

一、眼球壁

眼球壁分三层，由外向内为外膜、中膜、内膜，又称为纤维膜、血管膜、视网膜。各部分形态、结构特点与主要功能见表10－2。

表10－2　眼球壁概况

分部		形态特点	结构特点	主要功能
纤维膜	角膜	曲度大、坚韧透明	无血管、感觉神经末梢丰富	折光
	巩膜	不透明、眼肌附着	致密结缔组织	维持眼球形状 保护眼球组织

续表

分部		形态特点	结构特点	主要功能
血管膜	虹膜	有瞳孔、有颜色	括约肌、开大肌、 色素细胞	透光 决定眼球颜色
	睫状体	环带状较后	平滑肌多方向排列	调节晶状体 分泌房水
	脉络膜	占中膜后 2/3	血管丛、色素细胞	营养眼球 吸收光线
视网膜	盲部	—	无视细胞	无感光
	视部	—	外层:色素细胞层 内层:神经细胞层	感受强光、弱光刺激 感受色光刺激

二、视器常用术语和概念

(一)瞳孔缩小与放大

在瞳孔周围有受副交感神经支配的瞳孔括约肌,该肌收缩,瞳孔缩小;在瞳孔括约肌周围有受交感神经支配的瞳孔开大肌,该肌收缩,瞳孔放大。

(二)视细胞

视细胞又称感光细胞,包括视锥细胞和视杆细胞,视锥细胞数量多,能合成感光物质“视紫蓝质”,感受强光和色光刺激;视杆细胞数量少,能在维生素 A 的参与下合成“视紫红质”,感受弱光刺激,不能辨颜色。

(三)黄　斑

视神经盘颞侧有一浅黄色的小区称为黄斑,黄斑的中心部凹陷，称为中央凹，视锥细胞集中，感光最敏锐。

（四）盲　点

视网膜后部的圆盘状的神经隆起，称为视神经盘，此处无视细胞分布，无感光作用，称为盲点。

三、折光装置

折光装置是光线从外界进入眼球视网膜所经过的一系列结构，包括角膜、房水、晶状体、玻璃体四个部分，均具有折光作用。

（一）角　膜

角膜的形态、结构及主要功能见表 10－2。

（二）房　水

由睫状体上皮细胞分泌和毛细血管扩散产生的无色透明液体称为房水。除有折光作用外，还具有输送营养物质、排除代谢产物，维持眼球内压的作用。

（三）晶状体

晶状体位于瞳孔后方，玻璃体前方。双凸状弹性透明体，直径约 10mm，前部较平坦，后部曲度较大，无神经与血管分布，外裹有晶状体囊。主要具有屈光、过滤紫外线、聚光等作用。

（四）玻璃体

充填在晶状体和视网膜之间，占眼球内腔的 4/5。无色透明胶状体，无血管，代谢能力低下。具有折光、保持视网膜方位、维持眼球形状等作用。

第二节　眼副器

眼副器包括眼睑、结膜、泪器和眼球外肌等，对眼球起保护、运动和支持等作用，见表 10－3。

表 10－3　眼副器概况

名称	位置	分部	结构	功能
眼睑	眼球前方	上眼睑 下眼睑	皮肤、黏膜，肌肉	保护眼球 湿润角膜
结膜	眼睑内表面 巩膜前部表面	睑结膜 球结膜	黏膜	润滑眼球
泪器	眼眶	泪腺 泪道	外分泌腺	湿润、清洁眼球
眼球外肌	巩膜、眼眶	动眼肌 提睑肌	六条骨骼肌	运动眼球 上提眼睑

第十一章　位听器——耳

【学习要求】

1. 掌握听觉和位觉感受器的名称及功能。
2. 熟悉鼓膜和咽鼓管的概念。

【学习内容】

位听器俗称耳，分为外耳、中耳和内耳三部分。外耳和中耳主要具有收集和传导声波的作用，内耳具有感受声波、体位变化刺激的功能。

第一节　外　耳

外耳包括耳廓、耳道和鼓膜三部分，由软骨、皮肤和脂肪等组织构成，主要具有收集和传导声波的作用，见表 11－1。

耳垂：耳廓下部膨大部分，由皮肤与脂肪构成，是临床上采集血液的部位。

耵聍腺：外耳道内的皮脂腺，分泌耵聍，具有润滑皮肤、防止异物进入耳道的作用。

第二节　中　耳

中耳包括鼓室、咽鼓管和乳突小房三部分，主要具有传导声波的作用，见表 11－1。

听骨链：鼓室内有三块听小骨，由外向内为锤骨、砧骨和镫骨。听小骨彼此以关节相连，将鼓膜与前庭窗连接起来，具有传导声波刺激的作用。

鼓膜张肌和镫骨肌：鼓室内的两块小肌肉，具有调控迷路内的声波压力的作用。

第三节　内　耳

内耳由骨迷路、膜迷路两套弯曲的管道构成，分为前庭、半规管和耳蜗三部分，见表 11－1。

螺旋器：膜蜗管基底膜上有部分上皮突起称为螺旋器，或称为考蒂氏器，分布有听觉神经末梢，为听觉感受器。

外淋巴液与内淋巴液：骨迷路内的淋巴液称为外淋巴液，膜迷路内的淋巴液称为内淋巴液，骨迷路浸泡于骨迷路的外淋巴液中。淋巴液具有营养内耳、传导声波的作用。

声波传导途径：声波→外耳道→鼓膜→锤骨→砧骨→镫骨→

前庭窗→前庭阶→外淋巴液→前庭膜→蜗管内淋巴液→螺旋膜→螺旋器→蜗神经→大脑皮质听觉中枢。

表 11－1　位听器的分部、结构特点、主要功能

分部			形态	结构特点	主要功能
外耳	耳廓		漏斗状	弹性软骨、皮肤	收集声波
外耳	耳道		弯曲管道	外 1/3 为软骨，内 2/3 为骨	传导声波
外耳	鼓膜		椭圆形、半透明	纤维组织膜	传导声波
中耳	鼓室		含气小腔	—	传导声波
中耳	咽鼓管		管道	骨组织、黏膜	维持鼓膜内外气压平衡
中耳	乳突小房		含气小腔	骨组织、黏膜	吸收声波 降低鼓室压力
内耳	骨迷路	耳蜗、前庭 骨半规管	弯曲管道	骨组织	保护膜迷路
内耳	膜迷路	蜗管	弯曲管道	听觉感受器	感受声波刺激
内耳	膜迷路	椭圆囊 球囊	椭圆形 球形	位觉感受器	感受头部位置变动刺激 感受直线变速运动刺激
内耳	膜迷路	膜半规管	三个“C”形管	位觉感受器	感受头部旋转变速运动刺激

【学习方法】

1. 眼球壁

参考表 10－2 学习眼球壁各层与各部分的结构特点和主要功能，重点在视网膜。

2. 耳

参考表 11－1 学习耳的各部分结构特点和主要功能，重点在膜迷路。

【应用知识】

1. 青光眼

眼内的房水循环障碍，使眼压升高，影响视力，临床上称为青光眼，分原发性、继发性、先天性三类。患者有眼压增高，眼球增大，瞳孔散大，对光反应消失，头部轻度疼痛，眼微胀痛，结膜轻度红肿，瞳孔稍散大，视力下降，甚至失明等表现。

2. 白内障

晶状体外裹有晶状体囊，若囊内的晶状纤维发生混浊、变成白色，造成透光障碍，称为白内障。主要症状有视力减退，视物模糊。

3. 近视与远视

视近处物体时，睫状肌收缩，睫状小带松弛，晶状体周缘受到的拉力减弱，使晶状体的突度增加，若长期处于这种状态下视物，会使晶状体不能回复原状，造成视物不清，这种现象称为近视；视远处物体时，睫状肌放松，睫状小带紧张，晶状体周缘受到的拉力增加，使晶状体的突度减少，若长期处于这种状态下视物，会使晶状体不能回复原状，造成视物不清，这种现象称为远视。

4. 角膜炎

角膜炎分溃疡性角膜炎，非溃疡性角膜炎两类，主要是因角膜外伤，细菌及病毒侵入角膜引起。患眼有异物感，刺痛甚至烧灼感，球结膜表面混合性充血，伴有怕光、流泪、视力障碍和分泌物增加等症状。

5. 飞蚊症

飞蚊症正式的名称是玻璃体混沌或玻璃体浮物。随着人的年龄增长（一般在 40 岁以上），玻璃体会自然老化，出现液化、混浊等变性现象，导致视物不清、眼睛不适等现象。

6. 老花眼

老花眼是眼睛的一种生理性变化，一般人年逾 40 后，眼球内晶状体逐渐硬化，不能随着睫状体的调节作用而改变其形状，使阅读和近距离工作发生困难，称为老花眼，可戴凸透镜加以矫正。

7. 中耳炎

中耳的炎性病变，有急性和慢性两种。急性中耳炎常由上呼吸道感染所引起，有发热、耳痛、听力减退等症状。常有鼓膜穿孔和流脓。

8. 耳聋与助听器

耳聋是指听力减退或丧失，可分外耳、中耳病变所引起的传音性耳聋，内耳听神经或听觉中枢病变所引起的神经性耳聋，还有由高强度噪声引起的噪声性耳聋。助听器是用晶体管制成的微型扩音器，将外界声音扩大，由耳机传入耳内，可提高耳聋患者的听力。

9. 梅尼埃病

梅尼埃病是一种以眩晕为主要症状的内耳病。主要病变为内耳中内淋巴液增多、压力增高，原因未明。患者常反复突然眩晕、恶心、呕吐、耳鸣和听力减退等症状。

10. 鼓膜穿孔与鼓膜成形术

鼓膜穿孔指鼓膜破裂或缺损，常由外伤或炎症引起，听力从正常到中度耳聋，自觉有阻塞感，甚至耳痛，数小时后由于渗出液产生，耳痛症状减轻，常伴有耳鸣，严重者可导致失聪。用外科手段，取人体的皮肤、静脉、筋膜、骨膜、软骨膜等，对破裂的鼓膜进行修复的手术，该手术对单纯鼓膜穿孔，听骨链完整的传导性耳聋修补效果较好。

【练习与思考】（第十至十一章）

（一）填空题

1. 感觉器官是机体感受刺激的装置，它是由__________及其________组成的。

2. 感觉器官根据其特化的程度、所在部位和所接受刺激的来源一般分为四种类型：________、________、________和________。

3. 眼是________器官,由________和________两部分组成,前者位于____内,呈前部稍凸的球形。

4. 眼球壁由外向内分为三层,依次为__________、__________和________。

5. 眼球壁的最外层是________,其前1/6为______,具有______作用;后5/6是________,具有__________和________作用。

6. 眼球壁的中层为______,其由前向后依次为______、______和______三部分。

7. 视网膜内的视锥细胞可感受________光和________光的刺激,视杆细胞可感受______的刺激。

8. 眼的折光装置包括________、________、________和________四部分。

9. 在视神经盘处,既没有______也没有______,因此无感光作用,称为______,在______的中央凹处,只有______,没有______,故此处感光最敏锐。

10. 耳为________器官,按其位置可分为______、______和______三部分。

11. 外耳包括________、______和________三部分,具有__________的功能。

12. 听小骨位于中耳的______内,由外向内依次为____、____和____,它们以关节连结形成________,其作用是__________。

13. 内耳由埋藏在______岩部的一系列弯曲的管道组成,又称为________,分为______和______两部分。

14. 内耳听觉感受器是__________;能感受头部直线变速运动的位觉感受器名称是______和______;能感受头部旋转变速运动的位觉感受器名称是________。

（二）单选题

1. 下列关于眼球壁各组成部分的正确描述是(　　)。

A. 眼球壁的外膜为纤维膜,由角膜、瞳孔及巩膜组成

B. 角膜无血管,有丰富的感觉神经末梢

C. 晶状体和睫状体均具有屈光的作用

D. 视网膜上的神经细胞均具有感光的作用

2. 下列不属于眼球壁中膜的结构是(　　)。

A. 虹膜　　B. 睫状体　　C. 脉络膜　　D. 巩膜

3. 下列关于角膜的正确描述是(　　)。

A. 角膜无色透明,具有屈光作用

B. 角膜无血管,也无神经分布

C. 角膜位于眼球壁的最内层

D. 属于眼副器

4. 视神经盘处(　　)。

A. 既无视锥细胞,也无视杆细胞

B. 有视锥细胞,也有视杆细胞

C. 有视锥细胞,无视杆细胞

D. 无视锥细胞,有视杆细胞

5. 黄斑(　　)。

A. 为视神经穿出视网膜处

B. 此处只有视杆细胞,无视锥细胞

C. 此处感光最敏锐

D. 此处不能感光

6. 下列不属于眼球的折光装置的结构是(　　)。

A. 角膜　　B. 晶状体　　C. 睫状体　　D. 玻璃体

7. 关于中耳的错误描述是(　　)。

A. 包括鼓室、咽鼓管和乳突小房三部分

B. 其内有位听感受器

C. 中耳是传导声波的主要部分

D. 三块听小骨位于中耳鼓室内

8. 内耳(　　)。

A. 位于鼓室与中耳之间

B. 其内有三块听小骨

C. 由骨迷路和膜迷路构成

D. 经咽鼓管与咽相连通

9. 听觉感受器是(　　)。

A. 螺旋器　　B. 椭圆囊斑　　C. 球囊斑　　D. 壶腹嵴

10. 感受头部旋转变速运动刺激的位觉感受器是(　　)。

A. 螺旋器　　B. 椭圆囊斑　　C. 球囊斑　　D. 壶腹嵴

(三)判断题

1. 眼球壁的外膜又叫血管膜,含有丰富的血管丛,具有营养眼球壁的作用。(　　)

2. 眼球壁的中膜由前向后依次分为虹膜、睫状体和脉络膜三部分。(　　)

3. 角膜上分布有丰富的血管和神经,具有屈光作用。(　　)

4. 视网膜内的神经细胞均具有感光的作用。(　　)

5. 视锥细胞和视杆细胞均可感受强光和色光的刺激。(　　)

6. 眼球的折光装置包括角膜、虹膜、晶状体和玻璃体。(　　)

7. 耳既是听觉器官,又是位觉器官。(　　)

8. 内耳的鼓室内有三块听小骨,分别是锤骨、砧骨和镫骨。(　　)

9. 螺旋器是内耳中感受听觉刺激的感受器。(　　)

10. 壶腹嵴是位觉感受器,能感受头部直线变速运动的刺激。(　　)

(四)名词解释

1. 盲点　　3. 螺旋器　　5. 壶腹嵴

2. 黄斑　　4. 椭圆囊斑、球囊斑

(五)问答题

1. 简述眼球壁的结构特点。

2. 简述眼球折光装置的组成及各部结构特点。

3. 简述耳的组成及各部分功能。
4. 简述听觉和位觉感受器的名称、位置及各自的功能。

(六)思考题

1. 眼球附属结构包括哪些内容,各有哪些特点及功能。
2. 声波经何途径传到内耳?

【参考答案】

(一)填空题

1. 感受器　附属器官
2. 外感受器　内感受器　本体感受器　特殊感受器
3. 视觉　眼球　眼副器　眼眶
4. 外膜(纤维膜)　中膜(血管膜)　内膜(视网膜)
5. 外膜(纤维膜)　角膜　折光　巩膜　维持眼球形状　保护眼球内部组织
6. 血管膜　虹膜　睫状体　脉络膜
7. 强光　色光　弱光
8. 角膜　房水　晶状体　玻璃体
9. 视椎细胞　视杆细胞　盲点　黄斑　视椎细胞　视杆细胞
10. 位听　外耳　中耳　内耳
11. 耳郭　外耳道　鼓膜　收集和传导声波
12. 鼓室　锤骨　砧骨　镫骨　听骨链　传导声波
13. 颞骨　迷路　骨迷路　膜迷路
14. 螺旋器　椭圆囊斑　球囊斑　壶腹嵴

(二)单选题

题目	1	2	3	4	5	6	7	8	9	10
答案	B	D	A	A	C	C	B	C	A	D

（三）判断题

题目	1	2	3	4	5	6	7	8	9	10
答案	×	√	×	×	×	×	√	×	√	×

（四）名词解释

1. 盲点：盲点在视神经盘处，既没有视椎细胞也没有视杆细胞，因此无感光作用，称为盲点。

2. 黄斑：黄斑在视神经盘的颞侧有一浅黄色小区域，称为黄斑，在黄斑的中央凹处，只有视椎细胞，没有视杆细胞，故此处感光最敏锐。

3. 螺旋器：螺旋器是指位于内耳蜗管内基底膜上的部分上皮突起，称为螺旋器。其内含有听觉神经的末梢感受器，能感受声波的刺激。

4. 椭圆囊斑、球囊斑：椭圆囊斑、球囊斑在内耳前庭迷路的椭圆囊和球囊壁上，各有一处局部的黏膜增厚，呈白色，腔向内突出，分别称为椭圆囊斑和球囊斑。它们是位觉感受器，能感受头部的位置变动和直线变速运动的刺激。

5. 壶腹嵴：内耳膜半规管三个膜壶腹的壁上，各有部分黏膜成嵴状突起，称为壶腹嵴。它是位觉感受器，能感受头部旋转变速运动的刺激。

（五）问答题

1. 简述眼球壁的结构特点。

答案要点：眼球壁分三层，由外向内依次为：外膜，中膜，内膜。

（1）外膜：即纤维膜，由致密结缔组织构成，对眼球内部器官起保护作用。包括角膜和巩膜两部分。前 1/6 为角膜，坚韧而透明，无血管，有丰富的神经末梢，感觉灵敏，具有折光作用；后 5/6

为巩膜,呈不透明乳白色,有维持眼球形状和保护眼球内部组织的作用。

(2)中膜:即血管膜,含有丰富的色素细胞和血管丛,有营养眼球内组织,吸收分散光线的作用。此膜由前向后依次分为巩膜、睫状体和脉络膜三部分。

(3)内膜:即视网膜,分视网膜虹膜部、睫状体部和视部。其中,前两部分无感光作用,又称为视网膜盲部。视网膜视部含视椎细胞和视杆细胞,视椎细胞可感受强光和色光的刺激,视杆细胞可感受弱光的刺激。

2. 简述眼球折光装置的组成及各部结构特点。

答案要点:眼球的遮光装置包括角膜、房水、晶状体和玻璃体四部分。

(1)角膜:坚韧而透明,无血管,有丰富的神经末梢,感觉灵敏,是重要的折光装置。

(2)房水:是充满于眼房内、由睫状体上皮细胞分泌和毛细血管扩散产生的无色透明液体,具有折光、营养晶状体和维持眼压的功能。

(3)晶状体:位于虹膜和瞳孔的后方,玻璃体的前方,是富有弹性的双面凸透镜状的透明体。依据视物的远近,晶状体可在睫状体的作用下改变其凸度,以调节光线聚焦在视网膜上成像。

(4)玻璃体:是无色透明的胶状体,填充在晶状体和视网膜之间,其本身无血管,代谢能力极低,除具有折光作用外,还有保持视网膜的方位、维持眼球形态的作用。

3. 简述耳的组成及各部分功能。

答案要点:耳按位置可分为:外耳、中耳和内耳三部分。

(1)外耳:包括耳郭、外耳道和鼓膜三部分,有收集和传导声波的作用。

(2)中耳:包括鼓室、咽鼓管和乳突小房三部分。中耳是传导声波的主要部分。

(3)内耳:由埋藏在颞骨岩部的一系列弯曲管道组成,称为迷路。分为骨迷路和膜迷路两部分。内耳是听觉感受器和位觉感受器的位置所在。

4. 简述听觉和位觉感受器的名称、位置及各自的功能。

答案要点：

(1)听觉感受器：叫作螺旋器，是指位于内耳蜗管内基底膜上的部分上皮突起。其内含有听觉神经的末梢感受器，能感受声波的刺激。

(2)位觉感受器：椭圆囊斑和球囊斑、壶腹嵴。

①椭圆囊斑和球囊斑：在内耳前庭迷路的椭圆囊和球囊壁上，各有一处局部的黏膜增厚，呈白色，腔向内突出，分别称为椭圆囊斑和球囊斑。它们是位觉感受器，能感受头部的位置变动和直线变速运动的刺激。

②壶腹嵴：在内耳膜半规管三个膜壶腹的壁上，各有部分黏膜成嵴状突起，称为壶腹嵴。它是位觉感受器，能感受头部旋转变速运动的刺激。

(六)思考题

答案：略

神经系统

神经系统由脑、脊髓和周围神经组成。主要具有协调、适应、思维与意识等功能。人类能被动地适应自然界,主动地认识世界、改造世界,均是因为有发达的神经系统。

第十二章　神经系统概述

【学习要求】

1. 掌握神经系统的组成。
2. 掌握灰质、白质、神经的概念。
3. 熟悉神经节、网状结构、神经核、反射的概念。
4. 熟悉神经系统的区分方法。
5. 熟悉神经系统活动的基本方式。

【学习内容】

一、神经系统的组成与区分

为了便于学习,可将神经系统作如下区分,见表 12 - 1。

二、神经系统的基本结构

神经系统的基本组织是神经组织,由神经细胞和神经胶质组

表12-1　神经系统的组成与区分

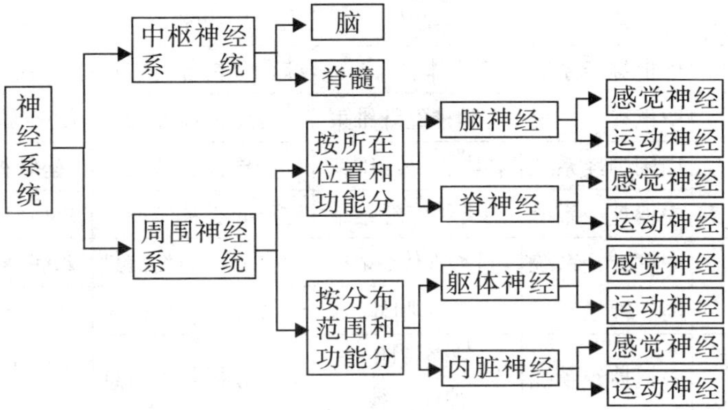

成。神经细胞又称为神经元,是该系统结构与功能的基本单位。

(一)神经元简述

神经元形态多样,由胞体与胞突构成,胞突又分为树突与轴突。胞体主要具有综合分析信息的功能;胞突主要具有接受刺激、转换与传递神经冲动的功能。神经元按功能不同可以分为感觉神经元、运动神经元、中间神经元等。神经元的轴突与长树突和神经胶质构成神经纤维。神经元的突起末端称为神经末梢。

(二)神经胶质简述

神经胶质又称为神经胶质细胞,数量多,形态各异,分布于神经元周围,无传导神经冲动的作用,主要具有支持、保护、修复与营养的功能。

三、神经系统的常用术语

在中枢和周围神经系统,神经元胞体和突起在不同部位有着不同的组合方式,因而需要用不同术语表示,见表 12 - 2。

表 12－2　神经系统常用术语

名称	位置	结构	功能	举例
灰质	中枢神经系统	胞体、树突	综合分析各类信息	大、小脑皮质
白质	中枢神经系统	有髓神经纤维束	传导神经冲动	大、小脑髓质
神经	周围神经系统	各类神经纤维束	传导神经冲动	坐骨神经
神经束	中枢神经系统	同类神经纤维束	传导同类神经冲动	皮质脊髓束
神经核	中枢神经系统	同类胞体、树突	综合分析同类信息	基底神经核
神经节	周围神经系统	同类胞体	综合分析同类信息	脊神经节
网状结构	中枢神经系统	神经核团、神经纤维	综合分析各类信息	脑干网状结构

四、神经系统活动的基本方式

神经系统的基本活动方式为反射。反射为人体在调节机体的机能活动中，对内、外环境刺激做出适宜的反应，可分为条件反射和非条件反射两种。反射活动的形态学基础为反射弧，包括感受器、感觉神经元、神经中枢、运动神经元与效应器五个部分。

第十三章　中枢神经系统

【学习要求】

1. 掌握脊髓位置与脊髓外形膨大的名称与位置。

2. 掌握大脑半球的分叶名称。

3. 掌握皮质中枢的概念、主要皮质机能中枢名称、位置与机能。

4. 熟悉脊髓灰质中前角、侧角、后角中神经元的类型与功能。

5. 熟悉脑、脑干的组成。

6. 熟悉脊髓与小脑的主要机能。

【学习内容】

按照位置、分化程度、机能等差异，中枢神经系统可分为低级中枢与高级中枢，前者如脊髓，后者如大脑。

第一节　脊　髓

脊髓是中枢神经系统中结构和功能相对简单的部分，与脑的各部分有着广泛的联系，在人体生命活动中具有重要意义。

一、脊髓的位置与外形特征

（一）脊髓的位置

脊髓位于椎管内，上端平枕骨大孔处与延髓相连，下端平第1腰椎下缘，延续为终丝。

（二）脊髓的外形特征

脊髓呈前后稍扁的圆柱形，全长有两处明显膨大，即颈膨大与腰膨大，前者位于脊髓中上部，后者位于脊髓下部。脊髓的膨大内有较多的神经元与神经纤维，它们与四肢肌肉的运动、皮肤的感觉有关。脊髓末端变细为脊髓圆锥，通过终丝止于尾骨背面。

在脊髓表面有六条纵行沟、裂，它们与脊髓内部结构的划分、前根与后根的出入有关。有部分腰、骶、尾脊神经根在椎管内垂直下行，围绕终丝形成马尾。

每对脊神经与一个脊髓节段相连，由于椎管发育较脊髓速度快，导致椎管比脊髓稍长，故脊髓节段与椎体有一定的位置对应差异，见表13－1。

表 13－1　脊髓节段与椎体位置对应关系

脊髓节段	同序数的椎体
颈 1～4	颈 1～4
颈 5～8、胸 1～4	上 1 个椎体
胸 5～8	上 2 个椎体
胸 9～12	上 3 个椎体
腰 1～5	胸 10～12
骶 1～5、尾 0	腰 1

二、脊髓的内部结构

脊髓内部中央的细长管道为中央管，中央管周围“H”形区为灰质，灰质周围结构为白质。不同脊髓节段的灰质、白质在面积、形态上有一定的差异，但总体结构基本一致。

（一）灰　质

从横切面观，灰质前角膨大，后角狭细，前、后角之间为中间带（部分节段外侧部突出形成侧角）。

1. 前角

运动神经元集中形成前角，其中功能相同的神经元胞体构成神经核团，如内侧核、外侧核。神经元突起参与形成脊神经，支配骨骼肌运动。

2. 后角

感觉神经元集中形成后角，其中功能相同的神经元胞体构成神经核团，如后角固有核、背核。神经元接受脊神经后根的神经纤维，主要传导躯干、四肢的感觉神经冲动。

3. 侧角

在全部胸髓、腰髓 1～3 节段的中间带外侧，交感神经元胞体形成侧角，其突起参与脊神经，支配平滑肌、心肌收缩，腺体分泌。

在第2~4骶髓节段，相当于侧角的部位，有副交感神经元胞体集中，其突起参与形成脊神经，支配平滑肌、心肌收缩，腺体分泌。

（二）白质

根据脊髓表面的沟、裂，脊髓白质可分为前索、外侧索和后索，索内有若干神经束，传导躯体运动和躯体感觉等冲动，见表13－2。

表13－2　脊髓白质神经束概况

名称	位置	走行方向	主要机能
薄束、楔束	后索	上行	传导意识性本体感觉、精细触觉
脊髓小脑前、后束	外侧索	上行	传导反射性本体感觉
脊髓丘脑束	外侧索	上行	传导痛、温、粗触、压觉
皮质脊髓侧束	外侧索	下行	支配四肢骨骼肌随意运动
皮质脊髓前束	前索	下行	支配躯干骨骼肌随意运动
红核脊髓束	外侧索	下行	调节肌张力
网状脊髓束	前索	下行	协调肌运动
顶盖脊髓束	前索	下行	传导反射性视觉、听觉

三、脊髓的功能

（一）传导功能

除头面部外，全身的深、浅感觉、大部分内脏感觉的神经冲动，以及支配骨骼肌、内脏运动的神经冲动均由脊髓白质中的各类神经束传导。

（二）反射功能

1. 躯体反射

躯体反射根据感受器位置分为浅反射与深反射。

浅反射：脊髓的感觉神经分布到皮肤、黏膜等，形成感受器，刺激这类感受器引起的反射活动为浅反射，如腹壁反射、提睾反射、足底反射。

深反射：脊髓的感觉神经分布到骨骼肌、肌腱等，形成感受器，刺激这类感受器引起的反射为深反射，如膝跳反射、跟腱反射。

2. 内脏反射

脊髓的感觉神经分布到内脏器官、血管等，形成感受器，刺激这类感受器引起的反射活动为内脏反射，如调节血管舒缩、内脏活动的反射。

第二节　脑

脑位于颅腔内，可分为端脑、间脑、小脑、中脑、脑桥和延髓六个部分，通常把延髓、脑桥和中脑合称脑干。

一、脑　干

脑干位于颅后窝前部，由延髓、脑桥和中脑组成，其延髓部分向下在枕骨大孔处与脊髓相连，其中脑部分向上与间脑相连。

(一)脑干的外形特征

脑干分为腹侧部与背侧部，表面有很多突起、膨大、凹陷、窝和沟裂等，还有10对脑神经与其相连，其中仅滑车神经1对从背侧部穿出，其余9对都从腹侧部进出。主要外形结构名称、位置见表13－3。

表13－3　脑干的外形特征

分部		突起、膨大	凹陷、窝	沟裂	脑神经
延髓	腹侧	锥体、橄榄	—	椎体交叉	舌下、舌咽 迷走、副N根
	背侧	薄束结节、楔束结节 小脑下脚	第4脑室底 下部	—	—

续表

分部		突起、膨大	凹陷、窝	沟裂	脑神经
脑桥	腹侧	基底部、小脑中脚	—	基底沟	三叉、外展面、位听N根
	背侧	小脑上脚	第4脑室底上部	—	—
中脑	腹侧	大脑脚	脚间窝	—	动眼N根
	背侧	四叠体	—	—	滑车N根

注:"N"代表神经。

(二)脑干的内部结构

脑干内部中央区有网状结构,腹侧部主要由大量上行、下行与横行的神经束构成,背侧部主要由大量不同结构与机能的神经核团构成,见表13－4。

表13－4　脑干内部结构概况

分部	神经核团	神经束	主要机能
延髓	舌咽N核 迷走N核 副N核 舌下N核 薄束核、楔束核	内侧丘系 皮质脊髓侧束 皮质脊髓前束	①生命中枢: 呼吸反射 心跳反射 ②传导神经冲动
脑桥	三叉N核 外展N核 面N核 位听N核	锥体束 皮质脑桥束	①角膜反射 ②传导神经冲动
中脑	动眼神经核 滑车神经核 上丘核、下丘核 红核、黑质	红核脊髓束 顶盖脊髓束	①反射: 视、听反射 瞳孔对光反射 ②传导神经冲动

注:"N"代表神经。

二、小　脑

(一)小脑的位置与形态

小脑位于颅后窝内,在大脑半球的枕叶下方,脑桥与延髓的背面。小脑两端膨大,称为小脑半球,中间缩细,称为小脑蚓部。

(二)小脑的内部结构

小脑表层为皮质,内部为髓质,髓质中包埋有四种小脑核团:齿状核、球状核、栓状核和顶核。小脑与脑的其他部分在结构上密不可分,并借三对小脑脚与脊髓、脑干相连,将神经冲动传入或传出。

小脑下脚:由脊髓和延髓进入小脑的纤维组成。

小脑中脚:由脑桥进入小脑的纤维组成。

小脑上脚:由小脑皮质、小脑核团发出的纤维组成。

(三)小脑的机能

小脑与其他部分中枢在结构、机能上密切相关,主要具有维持身体平衡、调节肌紧张力、协调躯体运动等机能。

三、间　脑

(一)间脑的位置与分部

间脑位于脑干和大脑之间,大部分被大脑所掩盖。主要分为背侧丘脑、后丘脑、下丘脑三部分。

(二)间脑的结构特点与机能

1. 背侧丘脑

背侧丘脑又称丘脑,是一对卵圆形的灰质团块。内部由一个

“Y”字形的白质纤维板将其分为前核、内侧核和外侧核三部分。人体几乎所有进入大脑的传入纤维均要在此交换神经元,并进行分析与综合,是重要的皮质下感觉中枢。

2. 后丘脑

后丘脑包括内侧膝状体与外侧膝状体,前者借下丘臂连于下丘,为听觉皮质下中枢;后者借上丘臂连于上丘,为视觉皮质下中枢。

3. 下丘脑

下丘脑由视交叉、视束、灰结节、漏斗、神经垂体和乳头体等神经结构组成,是自主神经皮质下中枢,管理平滑肌、心肌收缩与腺体分泌。

四、端　脑

(一)大脑半球的外形与分叶

端脑,又称大脑,分左、右大脑半球,每个半球均有内侧面、基底面、背外侧面之分。左右大半球内侧面之间借“胼胝体”连接。大脑表面有很多突起的脑回,深陷的脑沟,根据中央沟、外侧沟、顶枕沟将大脑半球分为额叶、顶叶、枕叶、颞叶和岛叶五个主要脑叶。

(二)大脑的内部结构

1. 基底神经核

基底神经核位于大脑半球基底面白质内,主要包括尾状核、豆状核、屏状核、杏仁体四种核团。尾状核和豆状核是控制人体运动的皮质下中枢;杏仁体的功能与行为、内分泌和内脏活动有关;屏状核机能不详。

2. 大脑髓质

大脑内部的白质称为大脑髓质,由大量的神经束构成,通过神经束将大脑与其他中枢部位有机相连。根据神经束连接的部位不同，主要分为三类。

（1）连合系　连接左右半球皮质的横行纤维，如胼胝体。

（2）联络系　联系同侧半球内各部皮质的纤维，如上、下纵束。

（3）投射系　联系皮质与其他部分脑的上、下行纤维。这些神经纤维多数均经过尾状核、背侧丘脑与豆状核之间，形成一种特殊结构“内囊”。

内囊：是位于丘脑、豆状核与尾状核之间的上、下行投射纤维密集而成的白质板层，一旦损伤可以导致身体出现对侧偏瘫。

3. 大脑皮质

大脑表层由大量神经元胞体、神经胶质细胞构成，称为大脑皮质，类似脊髓灰质结构，根据进化程度可以分为古皮质、旧皮质、新皮质。

（1）皮质机能中枢　机体的运动、感觉、语言等各种功能在大脑皮质上均有相应的最高中枢部位，将这样的机能区称为皮质中枢。

（2）主要皮质机能中枢　大脑皮质有很多对人体起着重要作用的皮质中枢，其位置、机能、特征，见表 13－5。

表 13－5　大脑半球主要皮质机能区概况

名称	位置	机能	特征
运动中枢	中央前回 中央旁小叶前部	躯体骨骼肌 最高中枢	倒置人形（头除外） 交叉支配 面积与运动精细程度成正比
感觉中枢	中央后回 中央旁小叶后部	管理躯体浅、 深感觉	倒置人形（头除外） 交叉管理 面积与灵敏程度成正比
听觉中枢	颞横回	与双侧听觉有关	接受双耳听觉冲动刺激
视觉中枢	楔叶、舌回	与双侧视觉有关	接受双目视觉冲动刺激 （不完全交叉）
内脏中枢	边缘叶	自主神经 皮质中枢	联系十分复杂

注：躯体浅感觉是指皮肤的痛、温、触、压感觉；深感觉是指骨骼肌、肌腱、韧带、关节囊受牵拉、位置改变等感觉。

第十四章　周围神经系统

【学习要求】

1. 掌握自主神经的概念。

2. 熟悉脊神经的构成，颈丛、臂丛、腰丛和骶丛的组成、主要分支及分布。

3. 熟悉脊神经的结构。

4. 熟悉脑神经的名称及主要机能。

5. 熟悉交感神经与副交感神经的主要区别。

【学习内容】

第一节　脊神经

一、脊神经概况

与脊髓相连的神经称为脊神经，共 31 对，其中颈神经 8 对，胸神经 12 对，腰神经 5 对，骶神经 5 对，尾神经 1 对。每对脊神经均由运动性前根（运动神经纤维束）与感觉性后根（感觉神经纤维束）在椎间孔处汇合形成。脊神经出椎间孔后均分为前支（粗大）、后支、脊膜支和交通支。

二、脊神经主要分支及分布

（一）后　支

脊神经后支细小，呈节段性分布于项、背、臀部的皮肤和肌肉，主要有支配竖脊肌的神经、臀上皮神经等。

(二)前　支

脊神经前支也为31对,粗大,分布广泛,胸神经前支多数呈节段性分布于胸部、腹部等部位的肌肉与皮肤,其余的前支交织成颈丛、臂丛、腰丛和骶丛四大神经丛,再由神经丛分支到四肢的肌肉与皮肤,重点学习分布到四肢肌肉部分的内容,见表14－1。

表14－1　四大神经丛概况

名称	组成(前支)	主要分支与分布(肌肉)
颈丛	颈1～4	膈神经→膈肌
臂丛	颈5～8 胸1部分	尺神经→前臂前群1块半肌;桡神经→上臂与前臂后群肌;肌皮神经→肱二头肌、肱肌;腋神经→三角肌;正中神经→前臂前群7块半肌
腰丛	胸12部分、 腰1～3、腰4部分	股神经→股四头肌;闭孔神经→大腿内侧肌群
骶丛	腰4部分、腰5 骶1～5、尾1	坐骨神经→大腿后群肌、小腿所有肌 臀上神经→臀中肌、臀小肌;臀下神经→臀大肌

第二节　脑神经

与脑相连的神经称为脑神经,共12对,根据纤维性质可以分为三类:感觉性神经、运动性神经和混合性神经。脑神经的分布范围广、走行复杂,机能多样,见表14－2。

表14－2　脑神经概况

序号	名称	性质	主要分布	主要机能
Ⅰ	嗅神经	感觉性	嗅黏膜	司嗅觉

续表

序号	名称	性质	主要分布	主要机能
Ⅱ	视神经	感觉性	视网膜	司视觉
Ⅲ	动眼神经	运动性	眼球外肌	支配眼球运动
Ⅳ	滑车神经	运动性	眼球外肌	支配眼球运动
Ⅴ	三叉神经	混合性	头面部皮肤、黏膜、咀嚼肌	司头面部皮肤、黏膜感觉 支配咀嚼肌运动
Ⅵ	外展神经	运动性	眼球外肌	支配眼球运动
Ⅶ	面神经	混合性	表情肌、面部腺体、味蕾	司味觉 支配表情肌运动 支配唾液腺分泌
Ⅷ	位听神经	感觉性	膜迷路	司听觉、平衡觉
Ⅸ	舌咽神经	混合性	腮腺、消化道与呼吸道黏膜、味蕾	司味觉、消化道、呼吸道感觉支配咽肌运动、唾液腺分泌
Ⅹ	迷走神经	混合性	胸、腹部的内脏 平滑肌、腺体、黏膜	司消化、呼吸系统器官感觉 支配平滑肌运动、腺体分泌
Ⅺ	副神经	运动性	胸锁乳突肌、斜方肌	支配胸锁乳突肌、斜方肌运动
Ⅻ	舌下神经	运动性	舌内、外肌	支配舌内肌、舌外肌运动

第三节　内脏神经

内脏神经是指分布于内脏、心血管和腺体的神经。按照神经纤维性质可以分为内脏感觉神经与内脏运动神经。

一、内脏运动神经的概念

内脏运动神经分布于内脏、心血管和腺体,支配平滑肌、心肌收缩,腺体分泌,不受意识支配,又称自主神经。由于其管理的器官主要与新陈代谢有关,也称为植物性神经。

二、内脏运动神经与躯体运动神经的区别

内脏运动神经与躯体运动神经的主要区别表现在以下六个方面。(1)支配的器官;(2)与周围器官联系方式;(3)神经纤维的结构;(4)神经纤维的分布;(5)中枢的部位;(6)神经纤维的成分。

三、交感神经与副交感神经的主要区别

内脏运动神经分为交感神经与副交感神经两种纤维,它们在多方面有明显差异,见表 14－3。

表 14－3　交感神经与副交感神经的主要区别

区别	交感神经	副交感神经
中枢部位	脊髓胸、腰段	脑干、脊髓骶段
神经节位置	脊柱两旁、椎体前方	器官附近、器官壁内
分布范围	全身各部位均有	大部分血管、汗腺无
对同一器官的功能	机体为应付环境急剧变化,使心跳加快、血压升高、血糖上升、呼吸加深加快、瞳孔开大、消化系统活动受抑制等,以适应机体代谢活动的需要	在于维持机体安静状态的活动需要,使心跳减慢、血压下降、瞳孔缩小、消化系统活动增强等,以保存能量和恢复体力

第十五章　神经传导路

人体的神经传导路非常复杂,本手册主要介绍以下三条神经传导路。

一、浅感觉传导通路

浅感觉是指皮肤对温度、触摸(分精细触觉和粗略触觉)、按压、疼痛的感觉,分为意识性和非意识性两类。本手册主要介绍躯干、四肢部分意识性浅感觉传导通路。

从躯干、四肢的皮肤感受器传递神经冲动至大脑的感觉中枢要经过周围神经、脊髓、脑多个环节。在整条通路中有 1 处神经纤维左右交叉,3 处交换神经元,见图 15 – 1。

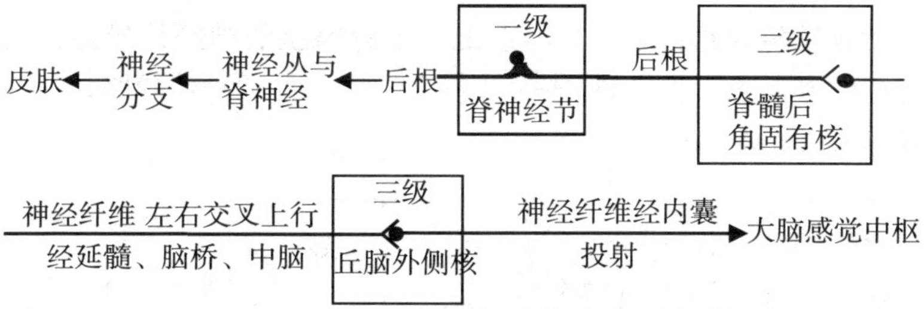

图 15 – 1　意识性浅感觉传导通路示意图

二、深感觉传导通路

深感觉是指关节囊、肌腱、韧带对体位改变、牵拉等感觉,分为意识性和非意识性两类。本手册主要介绍躯干、四肢部分意识性深感觉传导通路。由于皮肤的精细触觉也由此传导通路传递，故此通路中还包含这部分神经纤维。

从躯干、四肢的关节囊、肌腱、韧带传递神经冲动至大脑的感觉中枢要经过周围神经、脊髓、脑等多个环节。在整条通路中有1处神经纤维左右交叉，3处交换神经元，详见图15－2。

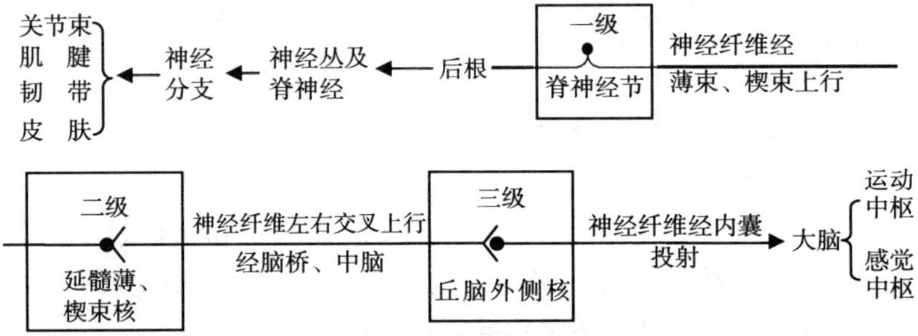

图15－2 意识性深感觉传导通路示意图

三、运动传导路

运动传导路指中枢神经系统支配骨骼肌的神经传导路，包括意识性和非意识性两种，本手册仅介绍意识性运动传导路，又称锥体系，见图15－3。

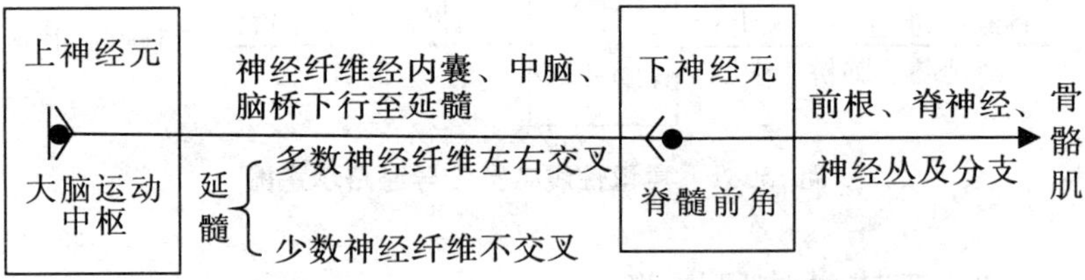

图15－3 意识性运动传导路示意图

第十六章　脑和脊髓的被膜、脑室及脑脊液循环

一、脑和脊髓的被膜

由外向内,脑和脊髓表面均包裹着硬膜、蛛网膜和软膜三层被膜,具有支持、保护、营养脑和脊髓的作用。硬膜与蛛网膜之间的腔隙称硬膜下腔,蛛网膜与软膜之间的腔隙称蛛网膜下腔,内含脑脊液。

二、脑　室

脑内部的腔隙称脑室,包括左、右大脑半球内的左、右侧脑室,左、右间脑之间的第三脑室,脑桥、延髓和小脑之间的第四脑室。在脑室之间、脑室与脊髓中央管之间、脑室与蛛网膜下腔之间均相通。脑室内有脉络丛(主要结构为毛细血管网),分泌脑脊液。

三、脑脊液及其循环

脑脊液是无色透明的液体,充满在各脑室、中央管、蛛网膜下腔内,其循环途径如下:

左、右侧脑室→室间孔→第三脑室→中脑水管→第四脑室→正中孔与外侧孔→蛛网膜下腔→血液循环

脑脊液主要具有缓冲震荡、营养脑与脊髓、运输代谢产物、维持正常颅内压等作用。

【学习方法】(第十二至十六章)

1. 神经系统组成与区分

见表 12－1,利用标本和模型理解中枢神经系统与周围神经系统之间、脑各部分之间、周围神经之间不可分割的联系。

2. 神经系统基本概念

结合神经组织的相关内容,注意神经元在神经系统的不同部位形成不同的神经结构。

3. 脊髓外形特征

注意脊髓两处膨大的出现是因为支配上、下肢运动神经元数量多,管理上、下肢躯体浅、深感觉的神经元多造成。

4. 脊髓灰质

脊髓灰质神经元的分布主要特点是前角运动神经元,后角感觉神经元,侧角交感神经元,由于各部分神经元类型不同,导致脊髓不同部分的主要功能差异很大。

5. 脑的分部与联系

脑虽然分为六个部分,但基本结构仍然是由灰质与白质构成,只是在不同部位灰质与白质的分布、形成的结构不同,且各部分的机能是不可分割的整体。如小脑皮质、中脑核团、间脑核团、大脑基底神经核等结构之间有十分复杂的联系,起到控制、协调和调节肌肉运动的机能。

6. 大脑皮质

参考表 13－5,对比学习主要皮质中枢的位置、机能及特征。

7. 四大神经丛

参考表 14－1,对比学习四大脊神经丛的组成、主要分支与分布,重点为肌支内容。

8. 脑神经

通过口诀"一嗅二视三动眼,四滑五叉六外展,七面八听九舌咽,十迷走,十一副,十二舌下神经完",记忆 12 对脑神经的名称,多数脑神经能够根据名称了解其主要机能。根据神经纤维性质不同,12 对脑神经分为 3 类。

9. 内脏运动神经概念

内脏运动神经、自主神经和植物性神经是从不同角度对支配平滑肌、心肌收缩,腺体分泌的神经阐述。内脏运动神经重点在于神经支配主要涉及内脏的运动;自主神经重点在于神经支配不受人的意识控制;植物性神经重点在于神经主要管理人体的新陈代谢活动,与植物的新陈代谢相似。

10. 交感神经与副交感神经

参考表 14－4,对比交感神经与副交感神经多方面不同,重点注意中枢部位、主要机能方面的差异。

11. 神经传导路

运动传导路是由中枢向外周传递信息;浅感觉传导通路与深感觉传导通路,则是由外周向中枢传递信息。学习中需注意将与该神经传导路有关的结构复习,进行联系加以理解。

【应用知识】(第十二至十六章)

1. 小儿麻痹症

小儿麻痹症是由病毒侵入血液循环引起的一种急性传染病。轻症状者仅有发低热,而无瘫痪;重症发热较高,肢体疼痛,数天内出现瘫软,以下肢多见。该病常见于儿童,治疗得当,能够恢复,口服疫苗能够预防。

2. 阿尔茨海默病

阿尔茨海默病是一种持续性高级神经功能活动障碍,即在没有意识障碍的状态下,记忆、思维、分析判断、视空间辨认、情绪等方面的障碍。患者表现为日常生活能力下降,不认识配偶、子女,穿衣、吃饭、大小便均不能自理,有的病人还有幻听、幻觉等症状。

3. 脑膜炎

脑膜炎是由细菌、病毒和真菌等引起的脑膜炎性病变。常见的有流行性脑膜炎、结核性脑膜炎、肺炎双球菌脑膜炎和流行性感冒杆菌脑膜炎等。患者有发热、剧烈头痛、呕吐和颈项强直等症状，严重时可出现抽搐和昏迷。

4. 脑震荡

脑震荡是头部遭受外力打击或受到剧烈震动后引起的一种较为轻度的脑部损伤，表现为一时性的功能障碍，并无严重的器质性病变。患者在受伤后仅有短时间的意识丧失，一般经过休息即能恢复。

5. 偏头痛

偏头痛表现为阵发性的一侧头痛，主要由头部血管舒缩障碍引起。发病时多表现有眼花、眩晕、随即一侧头痛、呕吐和面色潮红或苍白，亦有发展为全头部疼痛者。

6. 帕金森氏综合征

帕金森氏综合征因英国医生帕金斯首先描述此病症状而得名。主要由大脑基底神经核病变所致，也有因脑细胞退化、脑动脉硬化、一氧化碳中毒等引起。常见症状有肌肉强直、双手搓丸样震颤，步伐缓慢，动作迟缓，表情缺乏等。

7. 癫痫

癫痫是突然发作的暂时性的大脑功能紊乱。此病表现可分四类：大发作俗称羊痫风，最常见，病人突然神志不清，全身抽动、面色青紫，口吐泡沫等；小发作，突然神志丧失数秒钟，无抽动。精神运动发作，短暂精神失常。局限性发作，只有局部肌肉抽动。

8. 神经痛

神经痛是感觉神经受病变刺激所引起的剧烈疼痛，犹如刀割、撕裂、钻刺，难以忍受。常见的有三叉神经痛、臂丛神经痛、肋间神经痛、坐骨神经痛等，导致病变的原因主要是外伤、肿瘤、炎症和中毒等。

9. 植物性神经功能紊乱

植物性神经功能紊乱是一种内脏功能失调的综合征，主要表现有循环系统功能、消化系统功能或性功能失调，多由心理、社会等因素诱发人体部分生理功能暂时性失调引起。这是一种在神经内分泌方面出现相关改变，但组织结构上并无相应病理改变的综合征。主要症状有头痛、失眠、记忆力减退、心悸胸闷、呃逆腹胀、消化不良、便秘、焦虑、烦躁等。

10. 面瘫

面瘫是面神经麻痹后引起的面部肌肉运动功能丧失，多见于一侧，感冒或受寒，中耳炎、脑膜炎、外伤等均可能导致发病。主要症状为口角歪向健侧，患侧不能闭眼，在讲话、哭笑时更为明显。

11. 带状疱疹

带状疱疹由带状疱疹病毒感染引起，沿一侧周围神经作群集带状分布，其主要特征是簇集水疱，伴有明显神经痛。儿童初次感染这种病毒时，可发生水痘，或者不发病而成为隐性感染，病毒潜伏在脑或脊神经节内，免疫功能减弱。

【练习与思考】（第十二至十六章）

（一）填空题

1. 神经系统按部位可分为________神经系统和________神经系统，神经系统的作用概括起来主要有三方面：______________、________和__________。

2. 中枢神经系统由____和____组成；前者位于______内，后者位于______内。

3. 周围神经系统由______和______组成；前者共有______对，与______相连，后者共有______对，与____相连。

4. 在中枢神经系统内，由许多功能不同的__________聚集而成的结构，在新鲜标本中呈白色，称为________。

5. 神经系统活动的基本方式是________，分为______反射和____反射两种。

6. 脊神经前支形成______、______、______和______四大神经丛。

7. 脑神经共有____对，其中感觉性脑神经为______、________和______；分布于鼻腔嗅区的为__________；副神经支配________与________；______司视觉；舌下神经支配__________；分布最广的神经是____________；支配眼球肌肉运动的三条神经是______

____、______和________。

8. 自主神经主要是指分布在____、____和____的神经，可分____和____。

9. 脊髓上端平齐______，与______相连，下端平齐________，全长粗细不等，有两个膨大，即______膨大和________膨大。

10. 脊髓前角主要为________神经元，侧角主要为________神经元，后角主要为________神经元。

11. 脑由______、______、______、______、______和______六个部分组成。

12. 脑干由________、________和________组成，其上面连________，下面接________，背面有________。

13. 延髓网状结构内有调节________、________和________等活动的主要中枢，因此，延髓有__________之称。

14. 间脑可分为________、________、和______三部分，其中____被称为"皮质下感觉中枢"，________被称为"自主神经的皮质下中枢"。

15. 小脑借三对脚与脑干相连，它们分别称为______、______和________；小脑的主要机能是______________、____________和____________。

16. 大脑半球的五个主要分叶名称是______、______、______、______、______。

17. 大脑白质的纤维分为______、______和________三类。

18. 基底神经核包括四部分：_________、_________、_______和________。

(二)单选题

1. 中枢神经系统是指(　　)。

A. 位于颅腔内的脑

B. 位于椎管内的脊髓

C. 位于颅腔内的脑和位于椎管内的脊髓

D. 颅腔内的神经成分

2. 在中枢神经系统内,由神经元的胞体和树突聚集而成的结构称为(　　)。

A. 白质　B. 灰质　C. 髓质　D. 神经核

3. 脊神经(　　)。

A. 由脑干发出　B. 共有 24 对

C. 是与脊髓相连的神经　D. 均为运动性神经

4. 支配肱二头肌运动的神经是(　　)。

A. 正中神经　B. 尺神经　C. 桡神经　D. 肌皮神经

5. 支配膈肌运动的神经来源于(　　)。

A. 颈丛　B. 臂丛　C. 腰丛　D. 骶丛

6. 坐骨神经可支配(　　)。

A. 髂腰肌　B. 臀大肌　C. 股四头肌　D. 股二头肌

7. 下列属于感觉性脑神经的是(　　)。

A. 位听神经　B. 滑车神经

C. 面神经　D. 迷走神经

8. 下列关于脊髓的错误描述是(　　)。

A. 有 31 个节段　B. 与 31 对脊神经相连

C. 全长粗细不等,有两个膨大　D. 长度与椎管相当

9. 脑干由三部分组成,分别是(　　)。

A. 间脑、丘脑、延髓　B. 小脑、脑桥、间脑

C. 中脑、间脑、延髓　D. 中脑、脑桥、延髓

10. 大脑的基底核包括(　　)。

A. 尾状核、豆状核、屏状核和杏仁体

B. 豆状核、齿状核、屏状核

C. 豆状核、栓状核、杏仁体

D. 尾状核、楔束核、红核和豆状核

(三)判断题

1. 神经系统是由脑和脊髓组成。　(　　)

2. 周围神经系统由脑神经、脊神经和内脏神经三部分组成。（　　）

3. 尺神经主要支配上肢后群肌肉的运动。（　　）

4. 内脏神经即为自主神经，主要分布于内脏、心血管及腺体等处。（　　）

5. 骨骼肌受躯体神经支配，收缩持续时间较长，不容易产生疲劳。（　　）

6. 端脑具有“生命中枢”之称。（　　）

7. 背侧丘脑是皮质下的重要运动中枢。（　　）

8. 小脑主要具有维持人体平衡、协调肌肉活动、调节肌张力等功能。（　　）

9. 交感神经兴奋时，可使心跳加快、血压升高、消化系统活动受抑制。（　　）

10. 躯体运动中枢位于大脑皮质中央后回和中央旁小叶后部。（　　）

（四）名词解释

1. 灰质
2. 白质
3. 神经
4. 神经核
5. 网状结构
6. 传导通路
7. 自主神经（植物性神经）
8. 皮质机能中枢
9. 内囊
10. 反射

（五）问答题

1. 简述脊髓的位置、外形特点及内部结构。
2. 简述大脑主要皮质中枢及机能。
3. 简述四大神经丛的组成、位置、主要分支及分布。
4. 比较交感神经与副交感神经的主要区别。

（六）思考题

1. 体育运动对中枢神经系统有哪些影响？
2. 比较浅感觉传导路和深感觉传导路异同。
3. 锥体系和锥体外系有哪些异同点？
4. 躯体运动神经和内脏运动神经有哪些区别？

【参考答案】

（一）填空题

1. 中枢　周围　协调　适应　思维和意识
2. 脑　脊髓　颅腔　椎管
3. 脑神经　脊神经　12　脑　31　脊髓
4. 有髓神经纤维　白质
5. 反射　条件　非条件
6. 颈丛　臂丛　腰丛　骶丛
7. 12　嗅神经　视神经　位听神经　嗅神经　斜方肌　胸锁乳突肌　视神经　舌内外肌　迷走神经　动眼神经　滑车神经　外展神经
8. 内脏　心血管　腺体　交感神经　副交感神经
9. 枕骨大孔　延髓　第1腰椎下缘　颈　腰
10. 运动　中间　感觉
11. 端脑　间脑　小脑　中脑　脑桥　延髓
12. 中脑　脑桥　延髓　间脑　脊髓　小脑
13. 血管运动　呼吸　心跳　生命中枢
14. 上丘脑　背侧丘脑　后丘脑　背侧丘脑　下丘脑
15. 小脑下脚　小脑中脚　小脑上脚　协调躯体运动　调节肌紧张　维持平衡
16. 额叶　顶叶　颞叶　枕叶　岛叶
17. 连合系　联络系　投射系

18. 尾状核　豆状核　屏状核　杏仁体

(二)单选题

题目	1	2	3	4	5	6	7	8	9	10
答案	C	B	C	D	A	D	A	D	D	A

(三)判断题

题目	1	2	3	4	5	6	7	8	9	10
答案	×	√	×	×	×	×	×	√	√	×

(四)名词解释

1. 灰质:在中枢神经系统内,由神经元胞体和树突聚集而成的结构,在新鲜标本中呈灰暗色,称为灰质。

2. 白质:在中枢神经系统内,由许多功能不同的有髓神经纤维束聚集而成的结构,在新鲜标本中呈白色,称为白质。

3. 神经:在周围神经系统中,由许多神经纤维集合成的束,称为神经。

4. 神经核:在中枢神经系统中,由功能相同的神经元胞体和树突集合结成的团块,称为神经核。

5. 网状结构:在中枢神经系统中,由灰质和白质相混杂,而白质的神经纤维交织成网状,灰质块散布在网眼中,故称为网状结构。

6. 传导通路:传导通路是指传导神经冲动的通路。其传入部分称感觉传导通路,传出部分称运动传导通路。

7. 自主神经(植物性神经):自主神经即指内脏运动神经,又称植物性神经。它调节内脏、心血管的活动和腺体的分泌,不受人的意识支配,因此称之为自主神经。

8. 皮质机能中枢:大脑皮质具有一定功能的脑区称为皮质机

能中枢。

9. 内囊：大脑投射系的纤维束集中从丘脑、尾状核与豆状核之间通过，使该处形成致密的白质板层，称为内囊。所有上、下行的纤维均在该处通过，一旦内囊损伤，可导致对侧偏瘫。

10. 反射：神经系统在调节机体的机能活动中，对内、外环境刺激做出适宜的反应，称为反射。反射可分为条件反射和非条件反射两种。

（五）问答题

1. 简述试述脊髓的位置、外形特点及内部结构。

答案要点：

（1）位置与外形：脊髓位于椎骨内，呈前后稍扁的圆柱形，外包被膜，与脊柱弯曲一致。其上端平齐枕骨大孔，下端平齐第一腰椎下缘，长 40 ~ 45cm，可以划分为 31 个节段。脊髓全长粗细不等，有颈膨大和腰膨大。

（2）内部结构：脊髓横切面上，中心为纵贯脊髓全长的中央管，周围是“H”形的灰质，灰质的外面是白质。

①灰质：呈灰红色，主要是由神经元的胞体和纵横交错的无髓神经纤维组成，还有丰富的血管，可分为前角、中间带和后角。前角大部分由运动神经元组成，分为内、外两群，支配躯干和四肢骨骼肌的随意运动。后角主要是感觉神经元。中间带主要含有大量的中间神经元，与前、后角及高级中枢形成广泛的联系。

②白质：主要是由有髓神经纤维组成的纵行纤维束，分为三个索，即前索、外侧索和后索。其纤维束可分为上行和下行纤维束。上行纤维束起自脊神经节或脊髓灰质，将各种感觉信息自脊髓传达到脑。下行纤维束起自脑的不同部位，止于脊髓，将中枢的各种信息传导至相应的效应器。

2. 简述大脑主要皮质中枢及机能。

答案要点：

（1）运动中枢：位于中央前回和中央旁小叶前部，是躯体骨骼肌运动的最高中枢。

(2)感觉中枢:位于中央后回和中央旁小叶后部,是躯体感觉的最高中枢。

(3)视觉中枢:位于楔叶和舌回,是视觉的最高中枢。

(4)听觉中枢:位于颞横回,是听觉的最高中枢。

(5)内脏中枢:位于边缘叶,是自主神经的皮质中枢。

3. 简述四大神经丛的组成、位置、主要分支及分布。

答案要点:

(1)颈丛:由第1~4颈神经前支组成,位于胸锁乳突肌上部深面。主要分支:膈神经,支配膈肌运动

(2)臂丛:由第5~8颈神经前支和第1胸神经前支组成,位于锁骨上窝。主要分支:肌皮神经、正中神经、尺神经、桡神经和腋神经。

(3)腰丛:由第12胸神经前支的一部分、第1~3腰神经前支及第4腰神经前支的一部分组成,位于腰大肌深面。主要分支:股神经、闭孔神经。

(4)骶丛:第4腰神经前支的小部分、第5腰神经前支和全部的骶神经、尾神经前支组成,位于骶骨前外侧和梨状肌前面。主要分支:臀上神经、臀下神经和坐骨神经。

4. 比较交感神经与副交感神经的主要区别。

答案要点:见表14-3。

(六)思考题

答案:略

内分泌系统

第十七章　内分泌器官

【学习要求】

1. 掌握内分泌系统的组成。
2. 熟悉主要内分泌器官的位置、结构及主要功能。

【学习内容】

一、内分泌系统的组成

内分泌系统由内分泌腺与内分泌组织构成。内分泌组织虽然具有分泌激素的功能，但并未形成独立的器官，而是分布于其他器官内。

（一）内分泌器官

内分泌器官是以内分泌腺为主体构成的结构，均无排泄管，其分泌物称激素，进入血液或淋巴液，由血液循环、淋巴循环带到全身各处。独立存在，肉眼可见，如甲状腺、甲状旁腺、胸腺、肾上腺、垂体、松果体。

(二)内分泌组织

内分泌组织是具有分泌激素功能的组织,分散在其他器官内,只有通过特殊方式才能观察到。如胰腺内的胰岛、睾丸内的间质细胞、卵巢内的卵泡和黄体等。

二、内分泌系统的主要功能

内分泌系统对新陈代谢、生长、发育和维持机体内环境的稳定起重要的体液调节作用。

三、人体主要内分泌器官的形态、位置及结构特点

人体主要内分泌器官的形态、位置及结构特点见表 17－1。

表 17－1　主要内分泌器官概况

名称	形态	位置	激素种类	分泌的激素种类与功能
甲状腺	“H”形	颈前区	甲状腺素	促进新陈代谢,维持生长、发育
甲状旁腺	绿豆状	甲状腺旁	甲状旁腺素	调节钙代谢,维持血钙水平
肾上腺	半月形	肾的上端	盐皮质激素 糖皮质激素 性激素 肾上腺素 去甲肾上腺素	调节水盐代谢 调节糖代谢 副性征 心跳加快 血压升高
垂体	椭圆形	垂体窝	分泌多种激素	调节各种内分泌腺活动
松果体	椭圆形	丘脑后上方	分泌激素	抑制性成熟
胸腺	锥形	上纵隔	产生 T 淋巴细胞	参与免疫反应

四、主要内分泌腺分泌障碍症状

主要内分泌腺分泌障碍症状见表 17－2。

表 17－2　主要内分泌腺分泌障碍症状

名称	功能亢进	功能低下
甲状腺	甲状腺肿大、突眼、 失眠、急躁、手颤	新生儿呆小症 成年人黏液性水肿 性功能低下
甲状旁腺	易骨折	血钙下降，手足抽搐
肾上腺	水盐代谢、糖代谢紊乱	副性征减弱
垂体	成年人肢端肥大症 未成年人巨人症	未成年人侏儒症
松果体	儿童性早熟	—
胸腺	重症肌无力	—

【学习方法】

内分泌系统的内容与其他系统知识密切相关，注意与人体其他系统的知识结合理解。

【应用知识】

1. 侏儒症

脑垂体前叶功能不全是侏儒症发生的主要原因。患了此病，身材特别矮小，成人身高不到 120cm，小儿身长低于同龄平均数的 30% 以上。具体症状主要有肢体、躯干呈对称性短小，性发育障碍，但智力发育大多正常。

2. 巨人症

巨人症指在成年之前，脑垂体前叶分泌生长素的细胞增生或发生肿瘤，分泌过多的生长激素，导致患者身体异常高大，体力先呈增强，而后衰退。

3. 甲状腺功能亢进症

甲状腺功能亢进症简称甲亢，是一种因甲状腺激素分泌过多引起的内分泌病。主要有甲状腺肿大、精神紧张、心悸、手抖、怕热、食欲增加、体重减轻、突眼等症状。

4. 呆小症

呆小症是一种小儿时期因甲状腺功能减退引起的疾病。主要表现为发育迟缓，智力低下，动作迟钝，声音粗哑，便秘等：面容呈现眼窄小、鼻塌、舌厚大等特殊表现，四肢粗短，腹大，皮肤和头发干燥、粗糙等症状。

【练习与思考】

（一）填空题

1. 内分泌系统由______与________组成。

2. 甲状腺功能亢进主要症状有________、_______、_______、______和______。

3. 生长激素分泌过量，成年人可导致______症，未成年人可以导致______症。

4. 儿童性早熟是因为________功能亢进，性功能低下是因为________分泌不足。

5. 功能亢进导致水盐代谢、糖代谢紊乱的内分泌腺是______，功能低下导致副性征减弱的内分泌腺是______。

（二）单选题

1. 内分泌系统由（　　）组成。

A. 下丘　　B. 脑垂体　　C. 内分泌腺　　D. 内分泌组织

2. 胰岛素由（　　）分泌。

A. 胰腺　　B. 甲状腺　　C. 胰岛　　D. 肝脏

3. 激素的主要功能是（　　）。

A. 应激性　B. 调节性　C. 生长发育　D. 功能代谢

4. 肾上腺皮质激素的主要功能(　　)。

A. 调节水盐代谢　B. 调节蛋白代谢

C. 调节呼吸节律　D. 调节心率

5. 甲状腺素主要由(　　)分泌。

A. 甲状腺　B. 甲状旁腺　C. 垂体　D. 下丘

6. 甲状腺位于(　　)。

A. 喉后方　B. 颈前区　C. 支气管分叉处　D. 颅腔内

7. 骨骼容易发生骨折是因为(　　)功能亢进。

A. 甲状腺　B. 甲状旁腺　C. 垂体　D. 下丘

8. 新生儿呆小症是由于(　　)分泌不足。

A. 肾上腺　B. 垂体　C. 甲状腺　D. 松果体

9. 突眼、失眠、急躁、手颤的原因是(　　)功能亢进。

A. 胸腺　B. 肾上腺　C. 垂体　D. 甲状腺

10. 水盐代谢、糖代谢紊乱是由于(　　)分泌过量。

A. 甲状旁腺　B. 垂体　C. 肾上腺　D. 甲状腺

(三)判断题

1. 内分泌系统由脑垂体、甲状腺等内分泌腺组成。(　　)

2. 胰岛素由胰腺中外分泌部分泌产生。(　　)

3. 激素的主要功能是对机体起着重要的调节作用。(　　)

4. 肾上腺皮质激素的主要功能调节心率与呼吸节律。(　　)

5. 甲状腺素由甲状旁腺与甲状腺分泌产生。(　　)

6. 甲状腺位于颈前区,气管上段前面。(　　)

7. 甲状旁腺分泌机能亢进,可引起骨质过度吸收,容易发生骨折。(　　)

8. 新生儿呆小症是由于垂体分泌不足造成。(　　)

9. 突眼、失眠、急躁、手颤的原因是肾上腺功能亢进。(　　)

10. 水盐代谢、糖代谢紊乱是由于甲状腺分泌过量。(　　)

（四）名词解释

1. 内分泌腺　　3. 甲亢　　5. 胰岛
2. 激素　　4. 垂体

（五）问答题

1. 简述内分泌系统的组成与功能。
2. 简述内分泌腺的结构特征。
3. 试述甲状腺、垂体、肾上腺及胰岛的位置与主要功能。

（六）思考题

1. 简述内分泌腺与循环系统的关系。
2. 简述内分泌腺之间的关系。

【参考答案】

（一）填空题

1. 内分泌腺　内分泌组织
2. 甲状腺肿大　突眼　失眠　急躁　手颤
3. 肢端肥大症　巨人症
4. 松果体　甲状腺
5. 肾上腺　肾上腺

（二）单选题

题目	1	2	3	4	5	6	7	8	9	10
答案	D	D	B	A	A	B	B	C	D	C

（三）判断题

题目	1	2	3	4	5	6	7	8	9	10
答案	×	×	√	√	×	√	√	×	×	×

（四）名词解释

1. 内分泌腺：内分泌腺是指分布于人体一定部位、结构独立、肉眼可见的一些没有导管的腺体，如垂体、松果体、甲状腺、甲状旁腺、肾上腺、性腺等。

2. 激素：内分泌系统的分泌物称为激素。每种激素都具有特异性，它们经血液循环流至全身，具有调节人体新陈代谢的作用。

3. 甲亢：甲状腺分泌过剩，可引起突眼甲状腺肿，简称为甲亢。主要表现为心跳过速、神经过敏、体重减轻和眼球突出等症状。

4. 垂体：垂体又称脑垂体，是人体最重要的内分泌腺，位于颅中窝的垂体窝内。根据其发生和结构特点可分为腺垂体和神经垂体两部分。腺垂体可分泌生长激素、催乳素、黑色素细胞刺激素以及促激素等。神经垂体无分泌作用，是贮存激素的场所。

5. 胰岛：胰岛是胰腺的内分泌部，主要是由分散在胰腺腺泡之间的许多细胞群组成，可分泌胰高血糖素和胰岛素，对糖、脂肪和蛋白质的代谢，维持正常血糖水平具有重要的作用。

（五）问答题

1. 简述内分泌系统的组成与功能。

答案要点：内分泌系统是神经系统以外的另一个重要的调节系统，由内分泌腺和内分泌组织构成。内分泌腺是指分布于人体一定部位、结构独立、肉眼可见的一些没有导管的腺体，如垂体、松果体、甲状腺、甲状旁腺、肾上腺、性腺等。内分泌组织是指依附于某些气管内的内分泌细胞团或散在的分泌细胞，如胰腺内的胰岛、胸腺内的网状上皮细胞、睾丸内的间质细胞和卵巢内的卵泡及黄体等。内分泌系统的主要功能是调节机体的新陈代谢、生长发育和对外界环境的适应，内分泌功能的降低和过剩均可引起机体的功能紊乱。

2. 简述内分泌腺的结构特征。

答案要点：

(1)主要由腺上皮细胞构成。

(2)腺细胞之间有丰富的毛细血管。

(3)各腺体的分泌物统称为激素,没有导管输送,均直接进入血液。

3. 试述甲状腺、垂体、肾上腺及胰岛的位置与主要功能。

答案要点:

(1)甲状腺:甲状腺位于甲状软骨中部、气管的前面和两侧,是人体最大的内分泌腺,可分泌甲状腺素和降钙素。前者具有调节人体生长发育和新陈代谢的作用,后者可调节血钙浓度。

(2)垂体:垂体又称脑垂体,位于颅中窝的垂体窝内,是人体最重要的内分泌腺。根据其发生和结构特点可分为腺垂体和神经垂体两部分。腺垂体可分泌生长激素、催乳素、黑色素细胞刺激素以及促激素等。神经垂体无分泌作用,是储存激素的场所。

(3)肾上腺:肾上腺位于腹后壁、肾的上方,左右各一。其实质可分为皮质和髓质两部分。肾上腺皮质可分泌盐皮质激素、糖皮质激素和性激素。它们分别与水盐代谢、糖代谢的调节以及性行为和第二性征的出现等有关。肾上腺髓质可分泌属于应激性的激素——肾上腺素和去甲肾上腺素,主要功能是对心血管和内脏平滑肌具有调节作用。

(4)胰岛:胰岛是胰腺的内分泌部,主要是由分散在胰腺腺泡之间的许多细胞群组成,可分泌胰高血糖素和胰岛素,对糖、脂肪和蛋白质的代谢,维持正常血糖水平具有重要的作用。

(六)思考题

答案:略

参考文献

1. 胡声宇. 运动解剖学[M]. 北京:人民体育出版社,2004.

2. 严振国. 正常人体解剖学[M]. 上海:上海科学技术出版社,2003.

3. 高秀来,于恩华. 人体解剖学要点与自测[M]. 北京:北京大学医学出版社,2005.

4. 杨琳,高英茂. 格式解剖学[M]. 沈阳:辽宁教育出版社,1999.

5. 钟世镇. 临床应用解剖学[M]. 北京:人民军医出版社,1998.

6. 刘晔,徐刚. 运动解剖学实验指南[M]. 北京:北京体育大学出版社,2009.

7. 朱长庚. 神经解剖学[M]. 北京:人民卫生出版社,2009.

8. 汪忠镐,舒畅. 血管外科临床解剖学[M]. 济南:山东科学技术出版社,2009.

9. 陈灏珠,林果. 实用内科学[M]. 北京:人民卫生出版,2008.

10. 石美鑫. 实用外科学[M]. 北京:人民卫生出版社,2008.

11. 王煜. 运动软组织损伤学[M]. 成都:四川科学技术出版社,2010.

12. 解勇. 伤科推拿学[M]. 成都:四川科学技术出版社,2004.

13. 刘亚波,吴新宝,黄雷译. 骨科运动医学[M]. 北京:北京医科大学出版社,2001.

14. 杨迪生,李建华. 临床骨科康复学[M]. 北京:中国医药科技出版社,2007.

15. 陈义全,袁太珍. 临床骨关节病学[M]. 北京:科学技术文献出版社,2010.

16. 邱贵兴,戴尅戎,于长隆. 中华骨科学(运动创伤卷)[M]. 北京:人民卫生出版社,2006.

17. 彭向欣,王泰龄. 肝脏疾病临床病理学[M]. 北京:化学工业出版社,2010.

18. 李羲,张劭夫. 实用呼吸病学[M]. 北京:化学工业出版社,2010.

19. 田野. 运动生理学高级教程[M]. 北京:高等教育出版社,2003.

20.《辞海》编辑委员会. 辞海(医药卫生分册)上海:上海辞书出版社,1980.

21. 莱斯利. 卡米诺夫[美]. 瑜伽解剖学. 北京:人民体育出版社,2009.